本译作得到上海高校高峰高原学科建设计划资助，并作为国家社会科学基金项目（18BZX055）"《阿尔贝特·施韦泽哲学—伦理学文集》翻译及研究"的阶段性成果。

阿尔贝特·施韦泽的敬畏生命

——伦理理想主义与自我实现

〔美〕迈克·W.马丁 著 黄素珍 译

上海人民出版社

目录

前　言

　　早在高中时代，我就读过阿尔贝特·施韦泽的《我的生平与思想》(*Out of My Life and Thought*) 和《原始丛林》(*The Primeval Forest*)，那时我一心计划成为一个物理学家。 进入大学后，我的兴趣转向了哲学，不过直到我在查普曼大学开始教书，才着手研究施韦泽的伦理学。 在查普曼大学，施韦泽可以说被烙印在校园里，长凳前的地砖上刻有他的名言，图书馆和学生活动中心展出他在兰巴雷内医院的纪念品，年度杰出慈善家奖项也是以他的名字命名。 施韦泽的名字出现在校园各处最初归功于库尔特·伯格尔（Kurt Bergel），他是一位历史学教授，夫人艾丽丝（Alice Bergel）是一位德语教授，两人共同讲授一门关于施韦泽的课程。 我参加了该课程，这也是促成我撰写这本书的最初原因。

　　在非洲，施韦泽作为一名医生献身于服务他人的生活，并由此获得诺贝尔和平奖，他的事迹得到了应有的颂扬，成为人们的榜样，尽管有后殖民主义理论家对此提出质疑，然而，他具有革新意义的道德哲学还未受到足够的重视。 甚至连极为欣赏他对环境伦理学作出开创性贡献的哲学家，也很少能在更广泛的语境里理解他称之为敬畏生命的伦理学。 在这本书里，我将对敬畏生命提出一种新的诠释和评价，将其理解为包括自我实现、爱与以自然为中心的精神性的伦理理想主义。

　　在与学生和同事的交流中，我受益良多，尤其是库尔特·伯格尔、艾丽丝·伯格尔、保罗·戴尔普（Paul Delp）、罗恩·亨廷顿（Ron Huntington）、麦夫·迈耶（Marv Meyer）、安妮塔·斯托

1

(Anita Storck) 和弗吉尼亚·沃伦 (Virginia Warren)。从来访演讲的学者那里我也受教匪浅，其中包括了阿拉·保罗·巴萨姆 (Ara Paul Barsam)、詹姆斯·布莱贝岑 (James Brabazon)、诺曼·库辛 (Norman Cousins)、埃里希·格雷泽 (Erich Graesser)、露易丝·吉莱克-艾尔 (Louise Jilek-Aall)、安特耶·布尔特曼·莱姆基 (Antje Bultmann Lemke)、尼基·林德伯格 (Nikki Lindberg)、思利尔·姆鲍杜巴里 (Sylvere Mbondobari)、莱纳斯·鲍林 (Linus Pauling) 和杰姆斯·M.鲁滨孙 (James M. Robinson)。库尔特·伯格尔和麦夫·迈耶在 1990 年组织了一场主题为"千禧年之交的施韦泽"的会议，以上不少学者在这次会议上发言。作为阿尔贝特·施韦泽和海伦娜·布雷斯劳·施韦泽夫妇的女儿，赖娜·施韦泽·米勒的到场令我们备感振奋，她后来也多次返回查普曼大学。

艾米·鲁多梅琴 (Amy Rudometkin) 为我提供了非常专业的协助，图书馆馆员吉娜·威尔金森 (Gina Wilkinson) 和克劳迪娅·合恩 (Claudia Horn) 为我提供了不少宝贵的研究上的帮助。查普曼大学给了我一个学期的休假，令我得以完成此书。

尤为重要的是，我要感谢我妻子香农 (Shannon)，与她的日常交流帮助我厘清了很多想法，她的爱也一直给予我莫大的支持。

致　谢

第 7 章(包括第 8 章的一小部分)曾以另一个形式发表过,"Good Fortune Obligates: Gratitude, Philanthropy, and Colonialism", (*Southern Journal of Philosophy*, 37(1999):57—75)。经编辑同意,该书继续使用这部分内容。第 4 章早期以论文形式发表过,"Reverence for Life", (*Between the Species*, 9(1993):204—213)。

我非常感激赖娜·施韦泽·米勒,她同意我引用阿尔贝特·施韦泽如下著作:《文化哲学》(*The Philosophy of Civilization*, trans. C.T. Campion Amherst, NY: Prometheus Books, 1987), 以及《我的生平与思想:自传》(*Out of My Life and Thought: An Autobiography*, trans. A.B. Lemke, New York: Henry Holt and Company, 1990, and reprinted by Johns Hopkins University Press, 1998)。

第 1 章 导　论

　　保存一个人生命的最高程度应该是在精神上变得越来越完善，并通过富含同情和善意的自我奉献去促成保存其他生命的最高程度——这就是伦理。[1]

　　阿尔贝特·施韦泽生于 1875 年，逝于 1965 年，他提出了一个极富创见的伦理视角，该视角集中围绕自我实现、以自然为中心的精神性和伦理理想主义。他将伦理视作个人对意义和自我实现这一需求的深刻回应，以此应对一种暴力与异化的文化。他开创了环境伦理学，主张生命的神圣性在于它的多样性与统一性，并摒弃宗教教条，将伦理与精神性联系起来。他预见了当代美德伦理学的复兴，确立理想品格的根本地位，同时在这些理想品格的应用上鼓励个人主义与广泛的宽容。敬畏生命源于体现在我们每个人身上的生命意志（will to live），它随着我们肯定与其他生命的亲近关系而扩大，并通过我们对他人的服务、对卓越的追求而在一种自我实现的道德乐观主义中得以展现。

　　施韦泽将他的道德视角称为敬畏生命，这一观念如今在环境伦理学中广受赞赏。然而，即便在这个领域，对敬畏生命的理解也不是基于施韦泽自我实现和伦理理想主义这一完整的语境。此外，施韦泽的伦理学尚未完成。作为一名丛林医生以及医院管理者，施韦泽工作繁重，最后只完成了他的主要哲学著作《文化哲学》原定四卷中的两卷，尽管他在其他不少著作中也具体阐述了其观点。我的目的是提出一种新的解读，以揭示他的道德哲学的重要性，并进一步诠释他的环境伦理学。在书中几处地方，我会对施韦泽的观点提出一些批评与修改的建议，在这一点上我与施韦泽是一致的：推崇一个思想体系真理性的前提是对它进行严格的检验。[2]

施韦泽在 1915 年形成"敬畏生命"这一短语，当时他正从位于法属赤道非洲兰巴雷内的医院出发，沿着上游进行一次医疗旅程。[3]"敬畏"把"尊重"和"畏惧"、伦理和精神结合起来。生命包括人类、动物和植物，它们被看作既是个体的，也是相互有关联的。然而，这一短语的涵义不是自明的，同时令施韦泽深感沮丧的是，它成了一个流行用语而非激发人们深入阅读他的作品。施韦泽坚持，"敬畏生命这个短语与我思想的整个思路相关"，它必须"把我的作品作为一个整体进行理解"。[4]他的主要著作比它们表面看上去要复杂得多。

诚然，施韦泽努力追求作品的简洁性，他深信"一切深刻的东西同时是简单的"[5]。他经常将他的敬畏生命伦理学高度概括成几句警言，例如，"善是保存和促进生命，恶是毁灭和压制生命"[6]。不过，这些警言是为了阐明指导我们如何处理道德困境的理念，而不是否认令人费解的困境，它们是由诸多不同的道德理由相互冲突而造成的。确实，通过提升道德要求的高度，将所有生命都纳入道德关怀的范围，敬畏生命增加了它的复杂性。[7]即便"敬畏生命"这一短语具有多重涵义：它仍然指向一个统一的道德愿望（多层面的理想），一个统合性的品格特质（多层面的德性），一个根本性的责任原则（多层面的义务），以及施韦泽的整体伦理视角（伦理理论）。[8]

　　作为一种伦理理论，敬畏生命有三个重点：自我实现、以自然为中心的精神性和伦理理想主义。　首先，自我实现将追求卓越和与他人分享生命结合起来。　正如伦理本身，卓越要求我们在最关切的事物上保持深刻的真诚（本真性）。　最终，我们的关切根植于我们的生命意志，并在上面徐徐展开——也就是说，我们对生存、自我肯定、自我实现的欲望均由理想所激发。　因为我们是相互紧密关联的社会动物，真诚也就包含了个人形成诸多爱之计划——以高度个人化的方式表达关切的计划。　这些爱之计划包括了家庭生活、职业生活、慈善活动、志愿者服务等事业，也包括了在其他所有值得欲求的事业上竭力臻于卓越。

　　第二，敬畏生命将伦理学建立在以自然为中心的精神性上。　正如在第 2 章中所讨论的那样，施韦泽抛弃传统的宗教教条，并对超自然的神持有不可知论的立场。　他仍然是一位深刻的灵性思想家，认为所有生命至少在其创造性上都是神圣的。　他阐释一种伦理神秘主义（*ethical mysticism*），以生命统一性和珍视每一个生命价值的精神，通过积极关怀其他生命，从而达到生命的精神性统一。　富含同情的行动为一个充斥着冲突和暴力的世界带去和平，从而具有象征性和精神性的意义。　通过扩大道德关怀的范围，敬畏生命把所有生命都纳入其中，完善了蕴含在世界各个宗教之中的爱的伦理学："敬畏生命是扩展到普遍性的爱的伦理。"[9]同时，敬畏生命深深根植于这个世界。　它源于在我们每个人身上发现的生命意志——我们生存、发展、与其他生命建立同情互助关系的意志。[10]第 4 章探讨了伦理神秘主义对环境伦理学的涵义，我们可以称之为生物有神论（*biotheism*）。

　　第三，敬畏生命是关于善的不同理念的伦理学，既包括道德的善，也包括了审美鉴赏、科学理智活动等非道德的善。这个关于善理念的版本被哲学家称之为伦理理想主义或（更具误导性的）完善论（perfectionism）。作为一个统一性的理想，敬畏生命并没有取代界定自我实现与对他人责任的具体理想。相反，它把这些理想结合在一起，并扩大它们的范围。同样地，作为一种整合性的德性，敬畏生命把更多的具体德性联结起来，并将其结合为统一体，其中包括"各种有价值的热忱情感"[11]。

施韦泽在其已出版的著作中，特别关注五种道德理想及其相对应的德性：本真性、同情、感恩、正义与热爱和平。本真性（对自己保持真诚）要求我们在对自己诚实的基础上，在一个道德理想的框架内更充分、更平衡地发展自己的才能。同情主要体现在与"那些遭受痛苦的同胞"结合为一个人类共同体，也体现在与所有生物形成一个休戚与共的"痛苦共同体"（community of suffering）。感恩构成了"运气产生责任"这一原则的基础，是一个具有深远意义的相互给予与相互服务的理想。正义通过人权被理解，它表明施韦泽即便把道德关切的范围扩展到所有生物，他仍然非常认同人性具有特殊的道德地位。热爱和平意味着不使用暴力去解决冲突——尽管施韦泽并非无条件地主张和平主义，就像他通常被认为的那样。他对具体德性的强调极为重要，本书有一章专门阐述每一种具体德性。不过，我们需要记住，他关于自我实现的伦理和伦理理想主义旨在囊括所有正当的道德德性，实际上即所有定义了他所称之为文明的卓越理想。

敬畏生命并非含糊地肯定所有生灵，却没有为我们提供任何实践指导。事实上，同时注意到这一点也很重要，施韦泽放弃了执迷于道德规则的哲学传统，这个传统告诉我们，当不同的道德规则之间发生冲突，从而产生伦理困境，这时我们应当做什么。尽管如此，正如第3章所讨论的，敬畏生命通过具体的道德理想为我们提供道德指导，它们在一个道德意义上复杂而模糊的世界中起到如同路标一样的作用。 此外，这些具体的理想进入到个人的爱之事业中，而这些事业构成了我们的生活。 在追求自我实现的过程中，这些事业需要"最广阔的可能自由"去解释和实现这些道德理想。[12]因此，施韦泽的伦理学是高度个人主义的，但限于得到正当辩护（justified）＊的道德理想和德性框架中。

同时，比起规定具体的指南，施韦泽更关心道德动机。 为了实现这个目标，施韦泽寻求一种基础伦理学（*elemental ethics*），这种伦理学简明质朴，贴近经验，并且以自然欲望为基础，它让我们对意义的需求产生强烈的动机和回应。[13]一种关于自我实现和理想的伦理学富有活力和灵活性，它也可以对有益于文明的通俗哲学提出严格的要求。[14]同时，这种基础伦理学也需要得到有效的表述。 施韦泽的论述结合了理论和实践、启示和论证，以及神秘的情感召唤和逻辑推理。 虽然这些元素的结合产生了解释上的问题，但它们令施韦泽的著作变得更有力量。

其中解释方面的挑战涉及如何区分：（a）敬畏生命作为一种伦理学理论的要求，以及作为一个统合性的理想的要求，后者允许广泛的道德自主性空间去解释和运用更多的具体理想，与（b）施韦泽个人对具体道德理想的解释和运用。 他通常只是简单地陈述观点，有时让我们感到困惑的是，他想要的是普遍的要求，还是他个人意义上的对理想的运用——当我们行使道德自主性能力时，可能有恰当的理由反对施韦泽的做法。 例如，施韦泽救下一只虫子或蚊子，反对把花剪下来插在花瓶里，他的这些行为是否意味着敬畏生命对我们所有人都提出同样的要求？ 施韦泽把伦理与精神结合起来，他是否要我们认

＊ 原文 *justified* 源自 *justification*，不仅仅有单纯的辩护、捍卫、证实、证明的意思，还指所辩护的观点其正当性有充分的道德理由作为支撑。 ——译者注

同他对超自然的神的不可知论？ 有神论者和无神论者都能信奉他的道德视角吗？ 他的敬畏生命伦理学是否以某种方式蕴含了他对 20 世纪早期殖民主义的辩护（受很多条件限制的）？ 即使这些是他的目标，我们能否得出他的伦理学理论的核心信条提供了很大空间，以包容理性个体之间的差异性？

在这里，随着行文的展开，这些问题将逐一得到回应，思路通常是强调敬畏生命的个人主义精神，它为我们每一个人提供充分的空间，以一种负责任的、同时又是个人的方式去追求理想。 不过，要注意的是，这种解释方面的挑战并不罕见。 大多数哲学家在其伦理理论中没有把他们理论中的命令性要素与他们对理论的个人运用明确分离开来，他们当中大多数人也存在道德盲点。 亚里士多德在他对品格的讨论中歧视女性，并接受奴隶制；托马斯·杰斐逊投身人权事业，却是一名种族主义者；伊曼努尔·康德对性持有一种狭隘的观点。 这样的例子屡见不鲜。 即使这些思想家清楚地意识到自己所处的道德现状，他们的伦理理论也需要根据不同的历史背景而作出调整。 无论如何，我们都不应该将敬畏生命与推崇施韦泽本人这两者混淆起来，他本人也会第一个站出来坚持这个区分。

有一点很清楚。 对施韦泽来说，哲学极为重要。 注意他给《文化哲学》第一章起的标题："哲学如何为文明的衰落负责"。 我们可能会不以为然，因为伍迪·艾伦或巨蟒剧团＊可能会起这样的标题——好像哲学真的有过这样的文化重要性！ 施韦泽相信，哲学确实如此重要。 对他来说，哲学的首要任务是厘清赋予我们生命意义的价值，并推动文明的进步。[15]他寻求的是"将这一信念塑造成一种新的人性，就像照亮我们黑暗时代的火炬"[16]。

＊ 巨蟒剧团(Monty Python)是 20 世纪七八十年代一个英国六人喜剧团体。——译者注

第 1 章 导 论

注 释

[1] Albert Schweitzer，*Indian Thought and Its Development*，trans. Mrs Charles E.B. Russell(Gloucester, MA：Peter Smith，1977)，p.260.

[2] Ibid.，p.viii.

[3] Albert Schweitzer，*Out of My Life and Thought*，trans. Antje Bultmann Lemke (Baltimore,MD：Johns Hopkins University Press，1998)，p.155.

[4] Norman Cousins，*Albert Schweitzer's Mission*(New York：W.W. Norton，1985)，p.75.

[5] Albert Schweitzer，*Philosophy of Civilization*，trans. C.T. Campion(Amherst，NY：Prometheus Books，1987)，p.7.

[6] Ibid.，p.309.

[7] Schweitzer，*Indian Thought and Its Development*，p.261.

[8] Carl Wellman 在这篇文章中区分了其中一些涵义，"An Analysis of Reverence for Life"，*Journal of Value Inquiry*，11(1977)：46—48.

[9] Schweitzer，*Out of My Life and Thought*，p.235.

[10] Albert Schweitzer，"The Ethics of Reverence for Life"，*Christendom*，1 (1936)：227.

[11] Schweitzer，*Philosophy of Civilization*，p.311.

[12] Ibid.，pp.334—335.

[13] Schweitzer，*Out of My Life and Thought*，p.228.

[14] Schweitzer，*Philosophy of Civilization*，pp.3，283.

[15] Ibid.，p.xiv.

[16] Ibid.，p.84.

第 2 章　源于内心的伦理学

　　对生命的直觉敬畏在我们心中，因为我们是生命意志。[1] *

　　作为一个伦理学理论，敬畏生命回应了我们对意义和道德动机的需求。敬畏生命把伦理学的根基建立在我们生存、自我肯定、自我实现和同情这些本能之上，也建立在累积的道德经验和哲学反思基础之上。我们的理性和同理心（empathy）共同引领我们体会到我们与其他生命休戚与共的关系，这一情感逐渐发展成一种伦理神秘主义（*ethical mysticism*），在其中，就算我们只对某个个体生命产生了敬畏之情，我们也体验到了与所有生命联合在一起的统一感。以这种方式，敬畏生命是一种"自然伦理观"，表达的虽是我们的"生理构成"，却"臻于我们最高贵的精神品质"。[2]

生命意志论证

　　生命意志论证试图表明，把道德的范围扩展到所有生物，这一观

----

* 此处中译文来自阿尔贝特·施韦泽：《文化哲学》，陈泽环译，上海人民出版社2017年版，第 280 页。——译者注

点是合理的。 通过这种方式，这个论证把伦理学表述为"我们生命意志的展现"[3]。 尽管施韦泽使用了几种稍微不同的版本去发展这个论证，它们都具有以下这个基本结构[4]：

1. 自我意识（*Self-awareness*）：我意识到我有一个生命意志——去生存、趋乐避害、发展与肯定自己。

    我们最隐秘的自我意识不是笛卡尔的抽象命题："我思故我在"。 相反，它是我们的生命意志。 作为一个起点，就算"我活着"这句话也或多或少过于抽象，因为"生命"是我们无法理解的奥秘。[5]但我们可以体验到自己是活着的——奋力去求生存，经历喜乐欣悦，避免痛苦卑微，发展我们的志趣和能力，并肯定自我。 这些奋力追求出于本能，却绝非盲目，因为我们的生命意志包含了我们的理性——我们具有感知和理解、珍视和评价的能力。

2. 直觉的同感（*Instinctive sympathy*）：我拥有本能的倾向，感知到同理心、同情、怜悯这些情感，并对其他至少某些人类的和非人类的生命表示关怀之情。

    我们的自我意识包含意识到其他生命："我是要求生存的生命，我在要求生存的生命之中。"[6] * 在不同的方面和程度上，我们对其他生命感兴趣，对它们表示我们的同理心、同情感和怜悯。 同理心基于我们敏感地意识到，我们与其他生物具有诸多相似之处：充满活力而又极为脆弱。 同情和怜悯是我们对其他遭受痛苦和危难的生命的关怀之情。 关怀包括了所有这些情感回应，以及与其他生物共同分享生命而带来的质

6

---

* 阿尔贝特·施韦泽：《敬畏生命——五十年来的基本论述》，陈泽环译，上海人民出版社 2017 年版，第 7 页。 ——译者注

朴快乐。

3. 顺从（*Resignation*）：本着谦卑之心，我接受自己的依赖性，同时珍视我塑造自己的价值与生活计划的自由。

    顺从意味着接受我们存在的偶然性和脆弱性。 同时，它也意味着重视塑造我们的态度、价值和活动的精神自由。[7] 就这点而论，顺从是一种创造性的谦卑品格，是一种"被动的自我完善"，让我们作好准备追求更多的主动的自我发展。顺从是我们进入伦理学殿堂的前厅。[8]顺从也包括对人类冲动的谦卑。 从一个宇宙的视角来看，我们不过是渺小的微尘，在任何方面都极为脆弱，注定走向死亡，帮助他人的方式也极为有限。 然而，谦卑并没有助长这种绝望，相反，它为我们走向道德承诺铺平了道路。

4. 敬畏自我（*Reverence for self*）：对自己保持真诚，有助于我们通过追求自我实现而加深对自我的肯定。

    敬畏自我是敬畏所有生命的基础。 它蕴含了最深刻的自我尊重和自我肯定，而后者源于我们对自己保持真诚（本真性），它把真诚、忠于自我和完整性结合在一起。[9]面对导致自杀的绝望处境，即便活下去也是一个有意识的选择。 比生存更高的是，我们坚定地、有目的地追求自我实现。 在"实现理想的意志"这个意义上来说，我们的生命意志在努力追求自我完善的过程中得以展现。[10]

5. 扩大的同感（*Widened sympathy*）：理性和同理心（emaphy）扩展了我的同情，我由此承认所有生命都与我一样，拥有（或存在）生命意志。

    与自我保存和自我发展相比，我们直觉的同情是断断续续的、软弱无力的，但它们能够被"有意识地吸收进反思，得到进一步发展"[11]。 我们的反思揭示了我们是生命的一部分，源于其他生命，存在与否也有赖于其他生命。 我们对自我实现和自我完善的渴望激发我们对其他生命产生持久的兴趣。[12]

6. 敬畏所有生命（*Reverence for all life*）：我体验、发展和表明这样的态度："善是保存和促进生命，恶是毁灭和阻碍生命。"[13]

　　道德一致性是理性和同理心的共同产物，要求我对待其他生命的态度应该是"我对待自己的生命态度的一部分"[14]。我把自己的生命看作是神圣的，同样，我也将其他生命视为神圣的。 逐渐地，以不同的程度，我体验到"某种强迫感（强烈的欲望和对责任的意识），它迫使我就像敬畏自我一样敬畏所有的生命意志"[15]。 正如珍视自己的生命价值意味着保存和发展自己的生命是好的，敬畏所有生命也意味着重视这样的举动：与其他生命分享苦乐，拯救和帮助其他生命，让其他生命实现能力上的最高的发展程度。

　　生命意志论证并不旨在成为一个可以分而论之的证明。[16]当然，论证步骤是多个重叠的经验模式，而不是按照次序展示不同证据。 这个论证以需求和价值的意识为基础，采用基于经验的、现象学意义上的推理方式。 这个论证认为，对所有生命的敬畏态度源于直觉的自我肯定和对其他生命的同理心，是这两者的合理扩展。 通过这种方式，这个论证揭露了敬畏生命如何从我们的内心自然地发展起来，它是与理性结合在一起的生命意志的呈现。

　　在探求一种自然伦理的过程中，施韦泽并非天真地想从事实飞跃到价值。[17]例如，他没有推断我的生命之所以是有价值的，在于我有生存的欲望，或其他生命之所以是有价值的，在于我对其感到同

7

11

情。 相反,他论证的每一个步骤都诉诸价值:隐含正常成长和更高渴望的发展价值(第1步);同情、关怀和怜悯的价值(第2和第5步);谦卑和精神认可的价值(第3步);敬畏自我、真诚、诚信对己与忠于自我的价值(第5步);针对所有生命的友善举动的价值(第6步)。

考虑该论证的重点在于自然欲望,我们可能会感到困惑,为什么施韦泽很久之前没有发掘自然欲望。 答案在于,虽然该论证根植于直觉,它仍然需要借助理性去阐发——"(理性)是一种渗透到事物深层次的理解力,它把实在作为整体来接受,甚至扩展到意志的领域。"[18]我们的理性能力是道德反思的历史产物:"存在许多伟大的心灵,他们已经为我们照亮了道路上的每一步。"[19]施韦泽在《文化哲学》第2卷对这个历史进行概括。 这里稍微提及主要几位强调直觉同情性的思想家:大卫·休谟、亚当·斯密和查尔斯·达尔文。施韦泽非常赞赏斯多葛学派哲学的内容和风格,顺从命运是斯多葛学派的核心观点,正如埃皮克提图对创造性顺从的简洁表述:"有些事物取决于我们,有些则不取决于我们。"[20]阿图尔·叔本华在其形而上学理论中引入"生命意志"这一概念,他认为生命与整个宇宙之间存在某种平行关系。 伊曼努尔·康德是施韦泽撰写博士论文的研究对象,他把自尊的义务看得无比重要,其他所有义务都以自尊为前提。 歌德是施韦泽研究最多的一位思想家,他与知名度没那么高的阿尔弗雷德·福伊李(Alfred Fouillee)和让·马利·居尤(Jean Marie Guyau)一样,将自我实现与对自然的开明重视联系在一起。 耶稣是深深激发了施韦泽道德想象的英雄人物,他开启了追求精神之爱的纯粹主义愿景。 生命意志论证包括了所有这些思想家,他们以不同的方式帮助我们加深对道德的理解。

这个论证既有煽动性,又有启发性。 从伦理学思考的角度来说,自我肯定确实是一个基本的、广为认可的起点,包括康德、耶稣

（爱邻如爱己）与当代的心理健康专家都会对此表示同意。　自然同理心和同情心也是如此。　这个论证要求我们对其他生命的态度应该作为我们对自己的态度的"一部分"，强调我们对其他生命形成共情的感受力，通过这些途径，这个论证为环境伦理学提供了一个富有启发性的试金石。　第 4 章将讨论我们是否应当"扩展道德关怀的范围"，以包容所有的生命，正如在该论证的第 5 步和第 6 步所断言的那样。在这里，我们讨论敬畏生命如何与传统的宗教信仰、与蕴含爱之伦理学的基督教和世界其他宗教相关。

一种精神伦理学

8

　　鉴于敬畏生命强调内在性，以价值为中心，重视个人的意义，重视个人与他人及这个世界的友爱关系，可以说它是一种精神伦理学。[21]施韦泽将其称为"伦理神秘主义和神秘的伦理"[22]。　如果这些概念隐含非理性，那它们就不免带有误导性，因为在施韦泽的伦理学中，人类理性的地位非常高。　这些概念旨在凸显我们与所有生命在精神上的统一性，无论何时，只要我们以敬畏之心主动促成其他生命，那我们就会体验到这种精神统一性。　这样做并不意味我们要作出自我牺牲，而是在与其他生命的精神统一中，我们得以表达自己的个性，追求我们的自我实现。

　　与之相反，传统的"认同神秘主义"（identity mysticism）执着于与一个超自然的神或一个无限的存在者融合为一体的时刻，这些时刻转瞬即逝，属于消极性的体验。[23]施韦泽对这些体验并不陌生："在这里，在一个存在之中，生命逐渐意识到自身。　孤立的个体存在终止了。　自身之外的存在向我涌来。"[24]尽管如此，与自身之外的存

13

在融为一体的孤立经验只有激发我们与其他生命分享，救助其他生命的行动，或这些行动伴随精神融合而来，才具有道德意义。正是这些行动才唤起最重要的精神统一性体验。施韦泽的精神性概念具有深刻的实践内涵。

施韦泽的精神性概念建立在对一个超自然的神的信念基础上吗？不是。正如施韦泽所理解的那样，精神上的顺从要求我们接受知识的限度，理性则提醒我们谨慎信仰的飞跃。我们不可能知道宇宙的终极意义或人性的命运，如果真的存在的话。[25]是否存在超自然的神，他基于一个宇宙目的创造了整个世界，是否存在超自然的事物（天使、灵魂）、超自然的国度（天堂、地狱），以及我们的生命是否存在历史性和宇宙性意义，对于这些问题，我们必须退回到不确定性的状态。[26]最难以理解的是，我们必须与这个令人痛苦的谜共存：创造性与毁灭性两种宇宙力量如何与我们对生命的敬畏、与源于我们的促进与保存生命的道德—精神承诺相关。以这种方式，施韦泽的世界观不是建立在盲目的信仰之上，而是建立在对生命理性而深刻的理解之上。正如他说道："世界观是生命观的产物，而非相反。"[27]顺从意味着对宇宙的本质保持"有智的无知"或"开明的无知"，这让我们得以自由地与道德和精神的实在建立联系。[28]

我可以对"神性的人格"一无所知，除了我作为一个道德意志，"在我自身之中体验为神秘的意志"[29]。可以肯定的是，在他广受欢迎的著作中，施韦泽似乎认为上帝是存在的，因此我们能够通过关怀其他生命而与上帝神秘地融为一体。不过，他向同行学者奥斯卡·克劳斯(Oskar Kraus)坦诚，他早在15岁时就放弃了宗教正统信仰，之后为了向更多听众传达精神性观念，他继续使用传统的方式谈论上帝。[30]施韦泽清楚他的观点会引起听众产生恐慌，而他对此非常在乎，他这样做正是为了降低这种恐慌。[31]他在30岁时，在一封

写给未婚妻的信中以提醒的口吻写道:

> 你和我,我们务必将我们的信仰始终存留在心中,让它们成为
> 秘密,因为对我们而言的上帝和不朽,在其他人看来就相当于无神
> 论和否定灵魂的存在。[32]

尽管如此,对施韦泽而言,上帝不是一个纯粹的隐喻,他甚至在
其哲学著述中,也谈论一种神性的力量,或我们与之合为一体的神圣　　9
存在者:

> 持有发展和保存生命这个观点,以达到它的最高程度为目的,
> 我们对生命的奉献构成我们与永恒存在者的积极联合。[33]

施韦泽偏爱使用从叔本华那里借来的哲学语言,他对普遍的生命意志
(Will to Life,大写的意志;或创造性意志)概括为:

> 敬畏生命意味处在一个无限的、难以用语言表达的、永无停歇
> 的意志之中,所有的存在都以此为根基。[34]

然而,生命意志并不与我们所经验到的世界分离:

> 唯一的实在是这个存在者(Being),它在现象之中呈现。[35]

单看这句话,意思非常模糊,无法让我们在上帝与创世、存在者与现
象世界之间作出区分。 不过,这句话更像在表达一种泛神论的形
式,在宇宙创造性方面,神圣的存在者与整个宇宙是同一的。

施韦泽说道，他把"泛神论和有神论看作未解的冲突，留在心灵中"[36]。 也就是说，他不否认可能存在一个与被造物独立的超自然的神，虽然对这个可能性他仍然持不可知论的立场。 对于泛神论，施韦泽很明显不是在"宇宙与上帝同一"这个意义上是一个泛神论者，因为他发现世界存在诸多邪恶——尤其是可怖的苦难和暴虐的罪行。 此外，他一直将神性归于有机生命体，而不是岩石或河流之类。（他在一些文本中将水晶描述成似乎是有生命的，这通常出现在他关于生命有趋向完善的内在动力的论述中，而这种动力更宏大地反映了宇宙秩序。[37]）即便如此，根据施韦泽的著作，他在几个不同的意义上可以说是一个泛神论者，他相信某种形式的形而上学意义的生命意志内在于自然世界的创造性（有价值的）层面，尤其内在于生命之中。[38]不过，我们对人格化神性的直接体验只能来自我们内心的爱的意志。[39]

所有这些都让我同意杰克逊·李·艾斯（Jackson Lee Ice）的观点，他认为，我们"要在施韦泽的著作中找出一个精确的、界定清晰的上帝概念，是徒劳无功的"[40]。 尽管如此，仍然存在一个突出的主题。 施韦泽始终如一地谈论生命的神圣性——生命丰富的多样性和完整性首先体现在其创造性层面——我们可以把这个观点称之为生物有神论（*biotheism*）。 生物有神论可以解释施韦泽为什么把生命的完整性视作一种形而上力量。 生物有神论也可以解释施韦泽为什么不断重复，我们在自身之内体验到生命意志，它是敬畏生命的直觉情感——包括对我们自己的生命和其他生命的敬畏。 它也与施韦泽这个观点一致：在我们促进生命的范围内，我们体验到"与内在于一切现象之中，并遍及一切现象的创造性意志的精神统一与和谐"[41]。我们所体验到的创造性意志正是宇宙的神圣性层面。

需要强调的是，任何形而上学意义的生命意志都不能等同为自然或所有生命体的总和，作为一股力量，自然展现自身，它既是创造性的（促进生命的进一步发展），也是破坏性的（对生命充满敌意）。 自然的创造性—破坏性力量与我们内心爱的创造性力量，这两者的关系是一个永恒的不解之谜。[42]生命拥有生存、发展和支持其他生命的宝贵冲动，也有杀生和伤害其他生命的破坏性倾向，只有依据前者，生命才是神圣的。 当然，问题在于，生命的创造性倾向需要破坏性倾向为前提：为了生存发展、抚育后代、捍卫领土，等等，生命必须杀掉其他生命。 最后，施韦泽得出结论（并强调），我们不可能完全在精神性层面上理解自然：

> 自然展现出令人惊异的创造性力量，同时也是毫无感觉的破坏性力量。我们面对的是令人完全困惑不解的自然。[43]　　10

作为一个伦理学理论，敬畏生命要求我们认同施韦泽的形而上学，尤其是他关于超自然的生物有神论和不可知论吗？ 不。 让我们回想一下这个区分：（a）敬畏生命作为伦理学理论，为个人在解释和运用道德理想上制定道德判断提供充分的空间；（b）敬畏生命作为施韦泽对道德理想的个人解释。 施韦泽的宗教观对在伦理学与精神性之间建立联系，仍然保持极大兴趣。 即便如此，他关于以自然为中心的精神性的首要主题没有必要与其宗教观捆绑在一起。 实际上，施韦泽对超自然的不可知论更多表达的是他的个人信仰，而不是以令人信服的论证为基础。 敬畏生命是一个关于以生命为中心的精神性的伦理学，它与许多不同版本的不可知论、有神论、泛神论和无神论并不冲突。

因此，出于三个理由，为了理解敬畏生命的核心宗旨，我们可以悬置或搁置施韦泽的不可知论和形而上学。 首先，敬畏生命非常重视个人自由和本真性，借此我们才能塑造个人的世界观和运用道德理想；敬畏生命对本真性的多样性发展也赋予充分的空间。 第二，同样重要的是，

> 敬畏生命引导我们与世界建立一种精神关系，这种关系独立于我们对宇宙的完全理解。[44]

第三，正如上文所述，施韦泽的个人宗教信仰和他的形而上学的立场之间的关系极不清晰。

那么，组织化的宗教如何呢？ 施韦泽是在建议我们不参加教堂、犹太会堂和清真寺的宗教活动，转而以自然崇拜取而代之吗？他不是。 他这方面的观点是清晰而微妙的。 一方面，他批评宗教机构在道德事务上的伪善，质疑宗教自命知晓宇宙万物，并对宗教组织压制思想自由和个体自由而感到很失望。 另一方面，他非常看重富有责任感的宗教对道德共同体的贡献。[45]确实，一旦健全的宗教组织与蕴含和促进伦理的精神共同体结合在一起，宗教可以是伦理的。[46]只有当宗教成为认同敬畏生命价值的普世而宽容的共同体，他才肯定宗教的作用。 此外，他还积极促进西方与东方的宗教对话。

同时，施韦泽将耶稣视作精神典范的第一人和人类的道德英雄。耶稣借助寓言和警句，得以传播一种具有非凡纯粹性的爱的伦理，因为耶稣坚信，他是经由独特的道德净化行动而通往上帝的王国。[47]耶稣的末世论观点是错误的；他的自我牺牲并没有导致他预想中的世界的终结。 然而，非常讽刺的是，他关于世界终结的信念令他有能力提供关于作为理想之爱的最有力量的宣言。

正因为耶稣在这样的高度上将道德完善肉身化，在施韦泽把敬畏生命发展成一种伦理学前后，耶稣成为施韦泽伦理神秘主义的核心。

施韦泽赞同"耶稣的神秘主义",这种道德神秘主义有别于基于神学教条基础上的来世"救世主神秘主义",根据"耶稣的神秘主义","出于对[伦理]抱负的共同理解下,经由耶稣的意志,我们的意志变得更明晰,更丰富,更生机蓬勃,经由耶稣,我们发现了自己",此时,我们就与耶稣"结为一体"。[48]我们的生命通过耶稣的所爱而被照亮,在理想的爱之下,我们与其他人以真正的关怀建立精神联系,并将我们的善放置在爱的关系之中。敬畏生命就是扩展到所有生命的耶稣之爱。[49]

11

爱与敬畏

那么,为什么使用"敬畏"这个词而非"爱"呢? 这些观念之间究竟是如何联系的呢? 施韦泽尤其在他的通俗著作中,将敬畏生命描述为:

> 扩展到普遍性的爱的伦理。它是耶稣的伦理,现在则被认作是思想的合乎逻辑的结论。[50]

也就是说,敬畏生命包括了登山宝训的内容和其他世界宗教关于爱的表述,敬畏生命将爱的范围扩展到所有生命,并提供了一个哲学推理的基础。[51]即便如此,"爱"这个词并不承载推理的重要性,对施韦泽来说,自我实现和其他价值更为重要。

施韦泽对克劳斯坦诚,在他最受欢迎的著作中,他关于爱的讨论是不严密的,他的目的是吸引更多听众,就像他使用"上帝"一词那样。[52]在他的学术性著作中,他不太愿意使用"爱"这个词语,因为"爱"的意义很含糊，更不用说口头语经常扭曲这个词的意义（包括口头语中的"热爱生命"不过意味着过一种生活）。例如，他告诉我们，通过与爱情和父母之爱进行类比，爱只在比喻的意义上表达人类的团结。[53]再一次，敬畏生命包括了以本真性为中心的对自我的敬畏（对自己保持真诚和忠实），而自爱这个词并不含有这个观念。[54]简而言之，敬畏生命指向一种旨在厘清真正的精神之爱的全新道德视角。

为了引起听众的强烈兴趣，施韦泽在1919年的布道的开头引用爱上帝、爱邻如爱己的戒律，然后提出敬畏生命的命题。之后，施韦泽提出问题：什么是内在的善？什么能够在当代提供"理解耶稣教义基础"的"基本伦理态度"？基督徒听众自然而然就假定答案是爱，但施韦泽则认为敬畏生命才是答案。施韦泽最初将爱列为基督教美德中的一种，这些美德还包括了"宽恕、善行和爱"，但他很快将爱提升到心灵的首要美德。[55]爱是一个范围宽广的理想和美德，它包容而非替代其他具体的道德理想和美德。虽然如此，爱的涵义仍然是模糊的，而敬畏生命则提供了一个框架，统一爱的要求，由此加强爱的动机力量。此外，敬畏生命融合了理性与爱（心），理性在其中是一种深刻的理解力和敏感性，它扩大直觉的同理心，激发行动的动机。[56]理性的同理心和爱的同情相互重叠、相互滋养，从而将爱的对象扩展到所有生命。

那么，什么是敬畏？敬畏生命是一种评价模式，它将某些事物视为神圣的，而不仅仅具有工具善的价值，即被我们自由使用以达到我们的目的。敬畏意味着以开明而坚定的方式去珍视某物。敬畏生命不是日常生活中的尊敬态度，而是饱含感情的。保罗·伍德拉夫（Paul Woodruff）说道，敬畏是"一种得到充分发展的能力，它在恰当的时刻产生正确的感觉，包括畏惧、尊重和羞耻心"[57]。施韦泽可能同意这个观点，但会认为这个定义并不完整。 虽然敬畏生命蕴含情感的因素，但它首先指的是一种尽我们所能支持和救助他人的品格。 它是值得欲求的"心灵品格"，在其中渗透着"观察力、反思能力和决断能力"[58]。

作为一个统一的理想和义务原则，敬畏生命指出，我们应该保存、促进和发展所有我们与之接触和有机会救助的生命。 对动物和植物而言，发展是指有机体展现其本性的自然过程。 对人类而言，我们最能够施加影响的存在，发展同样指根据价值定义的成长过程——尤其是道德价值，但人类的发展也意味着像审美能力、科学探索和运动才能等非道德价值的发展。[59]除此之外，敬畏和爱的确切涵义是什么，对这个问题的回答取决于敬畏的对象是什么。

因此，敬畏自我包含本真性，它把对自己保持真诚和忠实结合在一起。[60]敬畏他人意味着同情、感恩、正义、共享经验、支持他们的发展——相比其他形式的生命，我们对人类的发展可以施加更大影响力。[61]敬畏（非人类的）有感觉的动物意味着同感它们的痛苦，持有明确的原则反对它们遭受非必要的杀生。 敬畏植物意味着不要随意毁坏它们，而是在我们能力之内帮助它们存活。[62]敬畏上帝意味着在积极爱其他生命中与神圣意志结为一体。 经过扩展，对风琴和其他古典音乐乐器的敬畏之心，可以帮助我们救助和恢复其他生物的生命。[63]

最后，敬畏生命高瞻远瞩，它提供了一个统一的框架，把道德理想转化为精神理想，把道德美德转化为精神美德。 这个框架是通过扩大道德理想和道德美德的范围和重要性，把它们稳固在生命神圣性的感知上而完成这些转化。 当然，这些转化不是施韦泽独有的。 作为进一步的例子，我们可以在诸多世界宗教思考爱，在佛教中思考慈，在印度教的"业"观念中思考公正，以及在保罗·蒂利希的存在主义中思考"有勇气存在"。 但施韦泽对自我实现和生命神圣性的双重强调，提供了一个从未有过的进路。 他最为关注的是自我实现的核心美德，尤其是本真性、怜悯、感恩、和平和正义，也包括谦卑、宽恕、勇气、克制、耐心和坚毅。

概而言之，在我们如何运用道德理想、如何追求道德卓越之上，自我实现要求最大限度的自由，它也要求发展富含责任感的道德承诺和精神信念。 正如我们所见，施韦泽主张的敬畏生命要求哪些精神信念，而这些精神信念与施韦泽本人对自由和理性的运用有什么区别，我们并不清楚。 无论施韦泽的意图是什么，他关于上帝和形而上学的观念或许最好被看成他个人对实现敬畏生命的精神信念的表达，而非他伦理学的命令性构成要素(mandatory components)。 根据这个建议，我们可以不被施韦泽的形而上学所限制，深入探讨他的伦理学的基本特征。

13 **注　释**

[1] Albert Schweitzer, *Philosophy of Civilization*, trans. C.T. Campion(Amherst, NY：Prometheus Books, 1987), p.279.

[2] Albert Schweitzer, "The Ethics of Reverence for Life", *Christendom*, 1(1936)：239.

[3] Ibid., p.227.

[4] Schweitzer, *Philosophy of Civilization*, pp.308—311；Schweitzer, "The Ethics of Reverence for Life", pp.227—230；以及 Albert Schweitzer, *Out of My Life and Thought*, trans. Antje Bultmann Lemke(Baltimore, MD：Johns Hopkins University Press, 1998), pp.155—158。

[5] Schweitzer, "The Ethics of Reverence for Life", pp.227—228.

[6] Schweitzer, *Philosophy of Civilization*, p.309；Schweitzer, *Out of My Life and Thought*, p.156.

[7] Robert C.Roberts and W.Jay Wood 称施韦泽是谦逊的典范，与他们所批评的 Oscar Wilde 大胆反思基督教的傲慢姿态形成对比。 不过，他们没有考虑到施韦泽本人对基督教的反思也颇为激进，态度既谦逊也不失大胆。 参见 Robert C.Roberts and W. Jay Wood, "Humility and Epistemic Goods", in Michael DePaul and Linda Zagzebski (eds), *Intellectual Virtue*(Oxford：Clarendon, 2003), pp.257—259。

[8] Schweitzer, "The Ethics of Reverence for Life", p.229；以及 Schweitzer, *Philosophy of Civilization*, pp.294, 314。

[9] Schweitzer, "The Ethics of Reverence for Life", p.230；以及 Schweitzer, *Philosophy of Civilization*, p.313。

［10］Schweitzer, *Philosophy of Civilization*, p.283.

［11］Ibid., pp.224—226.

［12］Schweitzer, "The Ethics of Reverence for Life", pp.225, 237.

［13］Schweitzer, *Philosophy of Civilization*, p.309.

［14］Schweitzer, "The Ethics of Reverence for Life", p.230.

［15］Schweitzer, *Philosophy of Civilization*, p.309.

［16］Schweitzer, "The Ethics of Reverence for Life", p.227.

［17］因此，这个论证并没有犯下所谓的从事实跳跃到价值的"自然主义谬误"(naturalistic fallacy)。然而，关于这个谬误是否真实存在，很长时间以来产生不少争议。参见 Hilary Putnam, *The Collapse of the Fact / Value Dichotomy and Other Essays* (Cambridge, MA: Harvard University Press, 2002)。

［18］Albert Schweitzer, *A Place for Revelation: Sermons on Reverence for Life*, trans. David Larrimore Holland(New York: Irvington, 1993), p.7.

［19］Schweitzer, "The Ethics of Reverence for Life", p.231.

［20］Epictetus, *The Handbook (The Encheiridion)*, trans. Nicholas P.White(Indianapolis, IN: Hackett, 1983), p.11.

［21］比较 Wade Clark Roof 对"精神性"的定义，参见 Wade Clark Roof, *Spiritual Marketplace: Baby Boomers and the Remaking of American Religion* (Princeton, NJ: Princeton University Press, 1999), p.35。同时参见 Robert C.Solomon, *Spirituality for the Skeptic: The Thoughtful Love of Life* (New York: Oxford University Press, 2002)。

［22］Schweitzer, *Philosophy of Civilization*, p.303.

［23］Schweitzer, *Philosophy of Civilization*, p.79; Albert Schweitzer, *Indian Thought and Its Development*, trans. Mrs Charles E.B. Russell(Gloucester, MA: Peter Smith, 1977), p.262.关于对神秘主义富有启发性的讨论，参见 Nelson Pike, *Mystic Union* (Ithaca, NY: Cornell University Press, 1992)。

［24］Schweitzer, *A Place for Revelation*, p.17.

［25］Schweitzer, *Philosophy of Civilization*, pp.76, 273.

［26］Ibid., pp.76, 107, 273, 316.

［27］Ibid., p.78.

［28］Schweitzer, *Indian Thought and Its Development*, p.263.

［29］Schweitzer, *Philosophy of Civilization*, p.79.

［30］Albert Schweitzer, "Letter to Oskar Kraus on 2 January 1924"(当时施韦泽 48 岁), in Oskar Kraus, *Albert Schweitzer*(London: Adam and Charles Black, 1944), p.42。

［31］Jackson Lee Ice, *Schweitzer: Prophet of Radical Theology*, (Philadelphia, PA: Westminster Press, 1971), pp.25, 28.

［32］Rhena Schweitzer Miller and Gustav Woytt(eds), *The Albert Schweitzer— Hélène Bresslau Letters, 1902—1912*(Syracuse, NY: Syracuse University Press, 2003), pp.94—95.

［33］Schweitzer, *Indian Thought and Its Development*, p.260.

［34］Schweitzer, *Philosophy of Civilization*, p.283.

［35］Ibid., p.304.同时参见 p.76。

［36］Kraus, *Albert Schweitzer*, p.43.

［37］Schweitzer, *Philosophy of Civilization*, p.282; Schweitzer, *Reverence for Life*, p.115.

［38］Ice, *Schweitzer: Prophet of Radical Theology*, pp.64—65, 106, 114.

［39］Schweitzer, *Out of My Life and Thought*, p.241.

［40］Ice, *Schweitzer: Prophet of Radical Theology*, p.68.

［41］Schweitzer, "The Ethics of Reverence for Life", p.239.

［42］Schweitzer, *Indian Thought and Its Development*, p.259.

［43］Schweitzer, *Philosophy of Civilization*, p.273.

［44］Schweitzer, *Out of My Life and Thought*, p.204.

14

〔45〕比较 Elaine Pagels in *Beyond Belief*（New York：Random House，2003）。

〔46〕Schweitzer，*Out of My Life and Thought*，p.60.

〔47〕Albert Schweitzer，*The Mystery of the Kingdom of God：The Secret of Jesus' Messiahship and Passion*，trans. Walter Lowrie（Amherst，NY：Prometheus Books，1985），pp.53—72. 虽然施韦泽对历史上的耶稣的论述在今天受到挑战，他的观点仍然支配了圣经研究领域长达 50 年。 参见 Mark Allan Powell，*Jesus as a Figure in History*（Louisville，KY：Westminster John Knox Press，1998），pp.14—24。

〔48〕Albert Schweitzer，*The Quest of the Historical Jesus*，trans. W. Montgomery，J.R. Coates，Susan Cupitt and John Bowden，ed. John Bowden（Minneapolis，MN：Fortress Press，2001），p. 486. 比较 Norman Cousins，*Albert Schweitzer's Mission：Healing and Peace*（New York：W.W. Norton，1985），p.124。

〔49〕Schweitzer，*Out of My Life and Thought*，p.235.

〔50〕Ibid.

〔51〕Albert Schweitzer，*The Teaching of Reverence for Life*，trans. Richard and Clara Winston（New York：Holt，Rinehart and Winston，1965），p.26.

〔52〕Albert Schweitzer，"Letter to Oskar Kraus on 2 January 1924"，转引自 Kraus，*Albert Schweitzer：His Work and His Philosophy*，p.42。

〔53〕Schweitzer，*Philosophy of Civilization*，p.311.

〔54〕Albert Schweitzer，"The Problem of Ethics in the Evolution of Human Thought"，in Friends of Albert Schweitzer（eds），*To Dr Albert Schweitzer：A Festschrift Commemorating His 80th Birthday*（New York：Profile Press，1955），pp.139—140.在这里，我不同意施韦泽的观点：作为一个美德，（恰当的）自爱蕴含本真性。

〔55〕Schweitzer，*A Place for Revelation*，p.4.

〔56〕Ibid.，p.7.

〔57〕Paul Woodruff，*Reverence：Renewing a Forgotten Virtue*（New York：Oxford University Press，2001），p.8.

〔58〕Albert Schweitzer，*Philosophy of Civilization*，pp.xii，316.

〔59〕Ibid.，p.331.

〔60〕Ibid.，p.314.

〔61〕Ibid.，p.331.

〔62〕Ibid.，p.310；以及 Albert Schweitzer，*The Primeval Forest*，trans. C.T. Campion（New York：Pyramid Books，1961），p.232。

〔63〕Schweitzer，*Out of My Life and Thought*，p.75.

15

第 3 章 作为指导的理想

在我们努力追求自我完善和旨在实现公共利益的行动之间存在什么内在关系？这是一个极为重要的伦理问题。[1]

道德的目标是自我实现："伦理是人的致力于其人格内在完善的积极行动。"[2]同时，敬畏生命是"扩展到普遍性的爱的伦理"[3]。那么，自我实现如何与爱和共同善（common good）联系在一起？这个"伦理学的重要问题"涉及道德动机，这也是施韦泽主要关心的问题。此外，这个问题还涉及道德指导的问题。敬畏生命能否提供一个恰当的道德指导，或者它过于模糊以至于不能提供什么用处？

施韦泽拒绝接受"伦理理论必须提供一套精确规则"这一看法，比如法律规则，甚至宗教法条（例如，"支付什一教会税"）。根据他的观点，伦理学是有关自我实现的品格和共同体的理想，这些理念激发人形成承担责任的承诺，并至少提供一个粗略的道德指导。同时，敬畏生命尊重人在解释和运用理想上的自主判断，也尊重人自主判断如何在美德和爱的计划中具体表现这些理想。虽然理想主义和个人主义之间存在张力，它们同样要求伦理学具有一定的灵活性，但敬畏生命仍然能够提供比它初看之下更多的指南。

道德理想与爱的计划

敬畏生命不是模棱两可地肯定所有生命，也不是要取代一些核心价值。 敬畏生命绝非一个独立的理想，而是一个复合的理想，一个统合性的美德；它在一套完整的、促成自我实现的道德理想、道德美德和其他形式的卓越德性中整合自身、展现自身。 每一种美德，例如同感和感恩，都指向良好品格的具体方面，在值得欲求的行动、欲望、情感、态度、活动、理性活动和人际关系中得以呈现。 最后，对每一种具体美德和理想的正当性辩护都取决于它如何有助于促进自我实现。

施韦泽在 1919 年的布道上首次提出敬畏生命的观念，虽然他使用了隐喻，敬畏生命和具体价值之间的关系仍然非常清楚。 就像一道白光统一了整个光谱，敬畏生命也将具体的美德统一在一起；也如同一道白光经由折射变幻成各种颜色，敬畏生命经过折射成为各种具体美德以及伴随而来的其他美德。[4]施韦泽在其他地方提到，敬畏生命把不同形态的生命联合在一起，就像"组装一个七巧板拼图一样"[5]。 正是"基础和弦"（或和声）把道德要求构成一个和谐的整体。[6]敬畏生命同时也把道德理想与其他所有形式的善整合起来，后者包括了审美欣赏、科学探索、专业技能和运动才能等这些有助于促进自我实现的善。 除了把所有对自我发展和自我实现有所助益的具体价值结合起来，敬畏生命还通过这些具体价值为我们提供道德指南。

尤其是每一种品格理想都与促成道德指南形成的美德相关。 例如，本真性（对自己保持真诚）要求我们对自己诚实，并发展我们的才能和兴趣。 同情告诉我们要对其他生命的痛苦和不幸表达关切,正义命令我们要尊重人权,感恩要求我们回馈因别人的善意而得到的好处,诸如此类等。 让敬畏生命指导我们的决定,就相当于让所有这些以及其他更多的具体理想指导我们的决定,因为它们在自我实现和以自然为中心的精神性的伦理框架内结为一体。[7]于是,当施韦泽讨论关于我们对他人的责任这一问题时,敬畏生命意味着什么,他就详细探究了宽恕、忍耐、友善、同情、感恩和正义等具体理想。[8]

这里要强调,如果我们用"促进生命的发展"这样一句简单的标语取代丰富的价值,以此解释施韦泽的观点,那我们就完全误解了他的意思。"发展"是一个规范性的、价值负载(value-laden)的概念。它暗指所有健全的道德理想和非道德理想,例如,审美欣赏、科学探索、专业技能和运动才能等非道德价值。 无论对个人的自我实现还是对文明的进步,敬畏生命都为重视、整合和扩展这些具体德性提供了一个框架,但它并不取代这些德性。

然而,理想只能提供一般性指南。 我们每一个人必须在自己的具体生活中解释和运用理想。 我们可以从投身到爱的计划(*projects of love*)开始。 这些计划或承诺极为个性化,对象集中,通常按照道德理想或其他卓越德性由个人自由地(非强制地)建构我们的关系和活动。 自我实现通过个人对朋友、家庭、工作、慈善事业以及我们极为在乎的活动的承诺建构起来。[9]这里施韦泽以最吸引他的思想家歌德为先驱。[10]他谈论歌德的大多数话都可以用来表达他自己的信念:

每个人务必实现对他而言独特的爱。[11]

施韦泽再次强调,

> 我们必须实现作为我们个性存在一部分的善,从而完善我们的个性,不是每个人都以同样的方式,但每个人作为一个伦理存在者都有权利使用他自己的方式。[12]

再次,我们每一个人都有"特殊的爱"——一个表达爱的独特方式。[13]个人计划通过建立我们的生活,制定优先事项,从而促进了道德指南的发展。以此方式,例如,无数个人的道德危机构成了施韦泽的生活,促成他计划成为一名医生赴非洲行医,正如下文及全书所讨论的。

施韦泽经常提到自我实现和自我完善的过程。当然,他不是在说,我们能够达到完美。敬畏生命更不是意味神经质的完美主义,这种为了逃避更多焦虑而过分沉迷细枝末节的心理防御机制。相反,自我完善是一种对理想的回应,它"唤醒了心灵全部的根本(基本)力量"[14]。这些理想包括了道德和非道德形式的卓越能力,它们有助于促成我们才能和兴趣得到充分而均衡的发展(正如第5章所讨论的)。

19 敬畏生命是一种以品格为中心或以美德为中心的伦理理论,它关注成为一个好人意味着什么。该理论与不同版本古代美德伦理学形成对比——柏拉图、亚里士多德和斯多葛的伦理学。柏拉图把伦理学和形而上学联系起来,在这方面虽然他值得称赞,但他执着于超越世间的善的形式,由此自然并无神圣性可言。[15]亚里士多德让我们回到现实世界,但他只提供了一堆杂乱的美德列表,而非一个在今天仍然能够激发我们动机的统一伦理。[16]斯多葛学派的伦理学比较有吸引力,因为它关注过一个有意义的生活所需的实践策略和基本问题,它也认为动物是有价值的。[17]由于未能超出顺从命运的限度,斯多葛学派就无法为道德乐观主义提供一个基础——为我们生机勃勃地投入自我实现和奉献的理想提供基础。[18]与之相反,敬畏生命作为引导我们行动的指南，提供了一个统一的、激发动机的、乐观主义的理想伦理学。 这些理想包括信仰、希望、爱与其他在古希腊和古罗马没有得到充分重视的精神理想。

伦理困境与道德推理

伦理困境指这样的处境，在其中两个或以上的道德理想（或其他道德理由）产生冲突，并且哪一个道德理想或道德理由具有优先性并不十分明显。 伦理困境也可以指这样的处境，在其中一个理想指向不同的方向。 敬畏生命强化了我们对伦理困境的意识，也为我们处理这些困境提供一些指导。 遗憾的是，施韦泽有时似乎急于贬低这种指导作用，他告诉我们，我们如何解决道德困境是任意的、主观的：

> 在伦理冲突中，人们只能作出主观的决定。[19]

不过，施韦泽使用"主观的"一词，指的是伦理学要求我们关注人的主观意愿——关注人的动机、情感和个人承诺。[20]他也认为，以自我实现为目标的伦理学有着与个人爱的计划相关的极为个性化的维度。 施韦泽有时使用这个词指的是，个人必须运用道德自律的能力去解释和运用道德理想，允许理性的个人之间存在很大的差异空间。

施韦泽关于主观性的讨论不能被误解为道德无政府主义，道德无政府主义与后现代主义对道德真理的怀疑论类似。 事实上，正如我们所见，施韦泽理所当然地预设许多具体德性和理想已经得到客观的辩护。 他所讨论的主观性形成于一个价值的客观框架内，得到开明情感和可靠理性的共同理解。 在运用良好判断去解决道德困境这个问题上，虽然主观性为我们留下广泛的空间，敬畏生命仍然将许多道德理想约束在道德客观性的框架内，"独立思想倘若是深刻的，就永远不会堕落到"非理性意义上的"主观性"。[21]"深刻"意味着我们以敬畏生命的精神，作出真诚而富有责任感的决定。 此外，我们必须对我们的决定承担责任——对我们施加压力，要求我们的思考是真诚的、本着良心的。[22]

鉴于道德理想能够提供资源以期克服伦理困境，让我们对此作进一步评论。 首先，面对伦理困境，我们需要克服阻碍以制定负责任的决定，这些阻碍特别包括利己主义、思想轻率、伪善，以及被动屈从社会要求。 敬畏生命与这些阻碍对抗，其途径是通过加强我们对自我实现的意识，让我们知道它是如何由理想所塑造和引导的。 面对相互冲突的道德理由，我们必须对敬畏生命的涵义"从所有方向进行彻底思考"[23]。 这意味着把可能为一切生命带来益处和伤害的所有相关事实都考虑进去。 它也意味着谨慎思考与单个情景相关的所有具体价值的要求。

重复一次，敬畏生命如同一道白色的光芒，一道折射出各种美德和理想之光谱的白光，其中每一个美德和理性都提供了道德实践指导。 以敬畏生命的精神行动，意味着根据所有可追求的理想，对伦理困境作出回应——这些理想包括对苦难的怜悯，对和平解决冲突的渴望，对人权的正义感，对那些帮助过我们的人的感恩，蕴含在我们个人爱的计划中的理想，如此等等。 这些理想构成了道德的处境，照亮了责任和道德机遇的空间。

施韦泽坚持认为，任何一套规则，无论按照重要性排序得多么严整，都不可能消除对道德反思独立性的需要。[24]他寻求克服"对不可能受制于规则和规定的事物的恐惧"[25]。 他将自己视作一个"社会道德"的反对者，这样的社会道德规定了对我们施加道德要求的各种规则，诸如"不要说谎"这样的日常规则，以及传统伦理理论中更广泛的规则。 这些规则很容易把道德愿望降低到最低的共同标准，抑制理想激发个人爱的计划的力量。 在这一点上，施韦泽的思想还有更多令人钦佩的地方。 但同时，他对规则的抗拒态度有时稍显过度了。 规则本身并不充分，但它们时常有所助益。 此外，理想和美德蕴含了规则，哪怕这些规则如何粗略，它们都是理想和美德的内容之一。[26]事实上，施韦泽偶尔也诉诸道德规则，例如，"不杀生"和"把伤害降到最低"，这些规则详细表明了同情（compassion）的部分内容。

　　为了阐明个人主义和以客观方式得到正当辩护的理想如何在伦理困境中相互作用，请考虑一下施韦泽在非洲的服务生涯。 最初，他是与他的护士妻子海伦娜·布雷斯劳·施韦泽，携手开始服务生活。不幸的是，严酷的丛林生活威胁了海伦娜的健康，尤其在她生下女儿赖娜之后。 尽管她回到兰巴雷内，短暂逗留过几段时间，施韦泽也定期到欧洲与之相聚，但在施韦泽 50 多岁投身于兰巴雷内的服务生活的大部分时间中，他们都是分开生活的。 海伦娜独力抚养赖娜。

　　就我们所知，施韦泽的决定是与妻子共同作出的，绝非施韦泽的任意决定。 这对夫妻非常谨慎地考虑了客观辩护的道德理由，它们相互冲突而造成一个令人痛苦的困境。 这些理由清楚地排除了一些选择项，例如，同时抛弃婚姻和使命。 我们可以假设他们有过严肃的讨论，即便他们并不对外披露这些讨论细节和他们私人生活的其他更多事情。 甚至是他们最亲密的朋友，对他们早年浪漫关系的激情也毫不知情，在他们死后，赖娜发现了他们之间的大量信件，这些事情才得以公开。[27]这些信件揭示了一段亲密的朋友关系，他们在婚前 10 年里相互逐渐产生爱慕，婚姻的结合令这段关系达至圆满的幸福。 他们之间有着深刻的相互理解，他们一致认为传统的家庭生活并非施韦泽的使命。 他们一开始计划各自独立追求投身于服务的生活，以此维系他们对彼此的爱意，不过后来他们逐渐意识到，兰巴雷内提供了能够让他们作为已婚夫妇投身服务的机遇。 海伦娜健康恶化，未能承受艰苦的丛林生活的条件，这对他们而言都是一个悲剧。

21

从施韦泽对海伦娜的感激之言来判断，海伦娜让他得以继续从事她同样献身其中的事业。 如果她没有这么做，可能会发生什么呢？不和谐的、带着怒气的离婚很有可能是毁灭性的，但放弃他们共同珍视的使命亦如此。 对这类真正的困境，不存在规定义务性回应的规则。 他们接受随着他们的决定而来的责任，可能每一个选择都伴随一些内疚——这个主题将联系施韦泽对一种"绝对伦理"的渴望作进一步的讨论。

绝对理想、实践必然性和内疚

施韦泽将敬畏生命表述为一种绝对伦理，它

> 提倡创造此世生命的完善。这个目标不可能完全达到，但这个事实没有那么重要。[28]

敬畏生命要求我们时刻保存和促进生命。 它要求我们以一种"对所有生命的无限责任"[29]去生活。 甚至对于人类，我们同样具有一种"如此无限以至于令人感到可怕的责任"[30]。 这样一种伦理学有可能让我们产生压倒性的内疚感吗？

把敬畏生命视作一个绝对理想不无道理，因为它是综合性的，包

括了所有更具体的、有助于促进自我实现的理想,因而,敬畏生命的
理想能够用于我们作出选择的所有时刻和境况。 问题在于,施韦泽
的言论有时似乎认为,更多的具体理想本身是绝对的,它们创造的不
仅是严格的,而且还是无例外的义务(康德也会认同这类义务)。 例
如,他认为,敬畏生命禁止所有杀生,每一次我们杀掉一个生命,我
们都应当深感内疚。 然而,他也意识到,我们必须为了生存而时常
杀掉其他生命。 这里出现了问题! 如果不同的理想对我们总是提出
相互冲突的要求,导致其中一些要求成为例外,那么具体理想不可能
是绝对的。 对任意一个具体的善理想(ideal of goodness)的理解——
不管是同情、正义或真诚——都要求在实践情景中平衡这个理想与其
他理想的要求。

　　平衡和整合不同的具体理想是敬畏生命的核心,也是其他伦理理
论的核心。 然而,施韦泽没有对此给出合理的解释,因为他在伦理
(绝对道德)和必然(实践必然性)之间引入一个令人困惑的二分法。
他坚持认为,伦理学应该是纯洁的,它的要求不存在任何例外,我们
不应该把"非伦理的必然性与伦理学"[31]混合在一起。 不过,当我
们仔细探究,很明显,"必然性"不可能意味着非伦理。 他提到,必
然性是"不可避免的",但并非在排除道德选择的意义上是不可避免
的。 因为必然性是我们可以将其当作解决伦理困境的选项。[32]进一
步而言,必然性不能处于伦理之外,因为必然性承载了对敬畏生命而
言至关重要的道德价值。[33]具体而言,必然性包括了自我保存:我
们要生存,就需要进食、自卫、呼吸和走路(可能踩死一些小生命)与
工作——例如,农夫不得不割草喂牛,商人不得不开除一个不走运的
员工。[34]必然性也包括了避免自我贬低的自我发展。 必然性也包括
保护其他无辜生命,例如,用动物进行医学实验以研发新药,对一些
人的生命(例如我们的家人)无私奉献而忽略其他人的求助。[35]显

22

33

然，自我保存、自我发展和保护无辜生命是敬畏生命不可或缺的道德价值。根据对施韦泽伦理理论的理解，他称作必然性的事物是伦理的一部分，而非对立的一方。伦理—必然的二分法就像一团乱麻，极大地妨碍了施韦泽进行道德反思。

我们可以很容易地修改施韦泽关于制定道德决定的论述，使其恢复一致性。实际上，"必然性"意味着无须牺牲那些在其他道德处境中更重要的道德理由；必然性指的是为了达到道德上更迫切的理想所必需的事物。健全的道德判断意味着找到一个合适的方式，去平衡相互冲突的主张，这些主张来自丰富多样的道德理想、自我实现和爱的个人计划、对他人自我发展的关切、对非人类生命生存处境的关心。它要求我们对每一个适用的道德理由给予应有的关注，根据全面的考虑，力图将它们整合为一个关于应当做什么的统一判断。正如詹姆斯·华莱士(James Wallace)写道，良好的道德判断是"确定哪些考虑是确实相关的，相互冲突的考虑中哪些是更重要的。换言之，道德判断蕴含给予某些考虑更大分量的能力"[36]。此外，我们必须对我们的决定负责，并愿意如实说明决定的优先项是如何设定的。

施韦泽的探讨有时沿着所概括的这个方向进行。他写道：

> 因此,伦理学的基本命令是我们不要导致痛苦……除非这是为了保存我们自身所必要的。[37]

"除非"表明对道德要求作出道德辩护（允许的或应当的）的限制要求我们不能带来任何痛苦。在这里，伦理和必然性相互交织在一起，而非彼此相对。例如，为了保护自己或无辜的人而伤害一个侵犯者是伦理的，也就是说，这是道德上允许的，或许也是道德上要求的。

施韦泽告诉我们，无论在何种情景，我们都必须把伤害和内疚感降到最低，这是一个真理，预设了我们可以确定合理优先项。[38]他也坚持认为，比起不杀生，同感这种情感更为根本，它将不杀生这条原则描述为"同情的仆人"。[39]所有这些命令隐含把"必要的杀生"变成伦理的一部分，而非伦理之外的。

现在来看看另外一个主张，这个主张认为，未能达到敬畏生命的理想会让我们感到内疚。施韦泽通过把每种美德与爱和自我完善的理想联系在一起，巧妙地设定了一个比传统道德更高的标准。例如，日常伦理倾向于认为宽恕是慷慨的一个表示，在实践中我们把自己看作高于被宽恕之人而扬扬自得。与之不同，敬畏生命要求大度的宽恕，其动机由自我完善的标准所激发，它促使我们回想我们过去经常对别人犯下过错。[40]通过避免残忍对待人类和动物，保持仁爱的品格，以及不要为了组织目标而牺牲个体，敬畏生命由此设立了仁慈和正义的更高标准。[41]

但是，施韦泽告诉我们，绝对理想不仅仅设定一个高于传统的标准；它们寻求完善。我们只有促进生命和避免伤害生命，才是伦理的；我们一旦未能促进生命，就会感到内疚。这里施韦泽接受了《圣经》的律令，"所以你们要完善"[42]。这种形式的理想主义深刻地鼓舞了一些人。例如，艾丽丝·默多克（Iris Murdoch）认为《圣经》的律令是激发良善之爱的真正源泉。[43]一个关于完善的愿景推动我们去展现我们的最高能力，并将我们推向与其他生命和谐共处的理想，我们建立的意义世界由此变得更为广阔。[44]道德的驱动作用汇聚于这条原则上：善就是保存和促进生命。

或许对我们大多数人而言，绝对伦理学威胁道德动机的产生。施韦泽坚持认为，内疚并不仅仅因为我们陷入困境中就会消失，困境不可避免地迫使我们作出可能导致伤害的选择。[45]因为要解决价值

23

冲突，我们不可避免地带来一些伤害，我们必须接受并忍受内疚：

> 良心是魔鬼的产物。[46]

结果是，每当内疚出现，我们为错误行为偿还道德债务的无限责任也随之产生。[47]我们当中很多人不可能以这种方式生活。自从弗洛伊德之后，心理学家就警告我们，"完善主义"会带来心理扭曲。不切实际的道德愿望会令我们冒着被内疚感淹没的危险，每一次我们对所遇到的生命带来伤害，每一次我们未能促进所有生命的繁荣时，与绝对主义结合在一起的内疚感就会一直令我们处在这种情感状态之中。这种类型的绝对主义很容易变成精神疾病的一个成因。[48]

　　然而，这个问题不仅与道德心理学相关，它还涉及道德合理性。当我们选择行不道德之事，全面考虑所有因素的情况下，我们就会产生内疚感。但在每一个可能的方面，我们不会仅仅由于自己的行为导致不好的结果，或未能增加好的结果，就对违背义务而感到内疚。义务或理想都不禁止所有形式的杀生，也不支持所有形式的生命。它们都允许有正当理由的杀生。实际上，施韦泽经常将善和义务混合在一起，不断从"促进生命是善的（good）"转到"我们应当（we ought）促进生命"，无一例外。[49]认为我们应当在个人需求、计划和资源所允许的情况下尽我们所能支持所有生命的发展是一回事，但认为支持其他生命的发展是一项没有任何例外的绝对义务则完全是另一回事，后者让我们为一切失败而受到责备。我们可以放弃绝对主义，将理想理解为，它体现在并超越于日常的最低义务。

　　各种善的理想一般都包含了由最低强制标准所规定的具体义务。例如，尊重他人的义务包含具有约束力的正义和同情的标准。但理想同时也命令我们持有更高的抱负，尤其作为超个人责任（supererogatory）

的各种值得做的关怀行为——虽然是任意的，但仍然值得做。 再则，在规定富有同情心的帮助行为时，同情的理想具体表现为一个最低限度的恰当标准。 当然，在义务和超个人之责的善行之间不存在一条清晰的界限。 尽管如此，还有一个范围更大的善，在其中个人可以追求他们爱的计划，这是值得欲求的，但并非每个人的职责。 修改绝对主义并不意味着退回到只对我们施加最低要求的、毫无生气的伦理学——我们仍然在理想的伦理之中行事。 它也不否认，在一些悲剧性的困境中，不管我们选择做什么，我们最终都背负内疚感，就像施韦泽决定留在非洲，而海伦娜留在欧洲抚养赖娜。 但我们不会因为每次呼吸杀掉一些小生命，或者为了吃掉一些植物和鱼类而感到内疚。

24

伦理理想主义相对功利主义

施韦泽把敬畏生命放在道德哲学史这一背景下进行论述。 他对一些思想家和思想运动的讨论虽然有些简略，但富有启发性，有助于我们理解敬畏生命的理念。[50]作为与当代伦理学有特殊相关性的例子，也为了理解施韦泽理想主义伦理学和自我实现的观点，让我们考虑他对功利主义的批评，功利主义关注的核心问题是自我利益和利他主义如何在道德上相关。

施韦泽依据伦理学不同的出发点和主要方法，将伦理学分为三个范畴。[51]首先，古希腊和古罗马哲学大致是以自我利益为中心的伦理学，它关注的是个人对快乐的理性追求。 同样地，它未能超出利己主义，从而未能给予他人积极的奉献。 第二，近代哲学(从15世纪到18世纪)通常将伦理学理解成一套社会规则：要么以公共福利最大化为宗旨的功利主义原则，要么以义务和权利为核心的规则。 近代哲学把个人看作社会的附属，然后寻求激发个人关注公共福利的途径，但从未圆满成功过。 第三，自我完善的伦理学周期性地出现在整个哲学史上。"人格伦理学"（或品格伦理学）胆识出众，勇于冒险，它以努力追求卓越为核心。 敬畏生命正是这样一种伦理学。

通过将美德与道德卓越的理想关联在一起，也通过将所有形式的善（包括一般被认为是非道德的善）整合在一起，施韦泽以"内在完善"为导向发展美德伦理学，或当今伦理学家所称的道德完善论（moral perfectionism）。[52]道德完善论有多种形式，它建立一个重心（以道德卓越为中心），许多不同类型的伦理理论也吸收了这一点。正如斯坦利·卡维尔（Stanley Cavell）说道，

完善论……不是一个关于道德生活的完整理论，更像是道德生活的一个维度或传统，它贯穿在整个西方思想的历史，所关注的是曾被称作个人灵魂状态的事物。[53]

因此，施韦泽在这样一个传统下阐释敬畏生命的观念，这个传统包括了古典美德伦理学（柏拉图）、义务论伦理学（康德）、宗教伦理学（叔本华）、功利主义（写作《论自由》的密尔）、美国超验主义（爱默生，梭罗），特别是歌德和尼采。[54]

施韦泽版本的道德完善论开始于本真性，依照具体的美德和理想而展开阐述，强调个人爱的计划，以及与所有生命达到精神统一。伦理学关注的是每个人对一个有意义的生活的追求；促进公共善的行动也体现在个人寻求有意义的生命的过程中。[55]在很大程度上，当个人在道德理想的框架内发展自身的才能和兴趣，公共善就会间接地得到提升。 大多数现代伦理学犯下的"重大错误"就是为了"社会

伦理学"而牺牲人格伦理学。[56]与之相反，自我完善的伦理学将个人看作是神圣的。 个人不仅仅是最大化社会利益的工具，因此，自我完善比关于规则的社会道德更为根本（尽管这两者是交织在一起的）。[57]敬畏生命把自我完善与一种以美德为导向的伦理学联结在一起，后者根植于以自然为中心的精神性的基础上。

25

此外，自我完善伦理学对道德楷模极为颂扬，他们的人生为我们提供关于道德卓越极富说服力和启发性的例子。 施韦泽的著作中充满了这类例子。 最值得注意的是，他把耶稣描述成一位道德英雄人物，他勇敢践行自己信仰，相信善终会战胜邪恶。[58]施韦泽在书中也提到歌德、巴赫和使徒保罗，他写过一本关于亚洲哲学的书，集中介绍如佛陀和甘地等关键人物。 批评施韦泽有英雄主义崇拜的问题有一定道理，但他所关心的是道德楷模能够为我们提供伦理养分和鼓舞，在他们身上，道德理想得到充分的展现。

就像歌德一样，施韦泽反对功利主义里面与个人无关的仁慈观念。 现在的行为功利主义（Act-utilitarianism）认为，在任何情况下，我们都应当选择做能够最大化总体善的行动，对受到影响的每一个当事人采取不偏不倚的态度。 行为功利主义将道德要求提高到无限责任的程度，但其实现途径并非作为自我实现核心的个人爱的计划，而是通过非个人的计划。"为公共利益而行动绝不可能对伦理学产生任何助益；它只是力求自我完善的其中一种表现方式"[59]——即使是最大程度的表现方式。

除了不重视非人类生命的价值外，行为功利主义还有两个主要缺陷。[60]首先，它无视对个体的尊重。 实际上，功利主义者把我们每一个人都看作是最大化社会公共福利的工具，由此降低自我实现的价值，把自我实现与其他价值放在一起进行不偏不倚的衡量。 施韦泽的伦理学与功利主义形成鲜明对比，他同意康德的观点，并坚持认为人性的尊严禁止把人视作促进公共善最大化的一般工具。人性的尊严意味着为了发展体现我们本性的爱的计划，就要尊重人的自由和欲望。自我实现要求在如何使用我们的资源达到目标上，我们有充分的自由，而不是要求我们为了促进公共善，不偏不倚地分配这些资源。

第二，行为功利主义未能提供一个关于道德动机的现实论述。我们大部分人都无法经常地、不偏不倚地促进总体善。类似这样一个"社会伦理学"就像用一根止血带缠住一个人的肢体，虽然可以止血，却阻碍血从心脏流向肢体。只有在个人爱的计划中，我们的良善动机才会被强烈唤起，并通过爱的计划得到发展，这些计划包括家庭生活、事业追求和慈善事业等活动。

古典功利主义者试图将他们的理论与动机的自然来源结合起来，但都失败了。他们其中一个做法是预设心理意义的利己主义，根据这个观点，我们每个人只有相信某物最符合自己的利益，动机才会被激发。接着功利主义宣扬一种开明的自我利益观点，将其与对其他人的关心结合起来；例如，通过与他人结成彼此互惠的关系，我们的幸福由此得到提高。问题在于，这个联系只能作为一种倾向而存在，而不会在每种情况下都能发生。不劳而获的人可能与利他主义者发现一样多的甚至更多的幸福。那么，为了保证行动者在促进公共福利上形成恰当的动机，社会工程就需要在每个关键点上发挥作用，这些关键点包括早期教育、覆盖面广泛的法律和针对违法的惩罚措施。但这些社会工程破坏了人们对他人直接而自然的关怀之情。

大卫·休谟作了一个更合理的尝试，他拒绝采用心理意义上的利己主义，承认人性中有一个利他主义的动机因素，并将其与更强烈的自我利益动机混合在一起，从而为功利主义提供了一个自然立足点。通过诉诸开明的理性、教育，以及对我们的行动表达赞同或不赞同的

26

态度,休谟的目标是为了加强利他主义。 施韦泽赞同休谟对本能同情心的强调,不过,他怀疑休谟能否解释清楚理性如何扩大和加深本能利他主义的范围,以把非人类的生命也包括进去。 休谟对理性和情感作出一个二分区分,理性是一个缺乏情感的官能,它的作用是判断经验事实和逻辑真理,无法促使利他主义的产生。 与休谟不同,对施韦泽而言,理性包含了产生行动动机的感觉和欲望要素。[61]

施韦泽对功利主义的批评预见了近年来的批评,其中包括了伯纳德·威廉姆斯(Bernard Williams)对功利主义的批评。[62]威廉姆斯与施韦泽的观点类似,他放弃了功利主义者和康德主义者都重视的客观义务规则。 也跟施韦泽一样,威廉姆斯认为伦理学首先是以品格为主的。 进而,品格在很大程度上通过个人一系列的"根本计划"(ground projects)得以建构起来,就像施韦泽所称的爱的计划,它们不是每个人应当履行的职责。 这些计划包括了特殊的爱、友谊、工作承诺和服务社区的志愿,所有这些都让我们的生活变得有意义,让我们更积极地参与到与世界的交往活动中。 通过这些根本计划,而不是通过对总体善的客观计算,我们增进了他人的福祉。

自从施韦泽著书后,功利主义已经发展出了新的版本。 特别是规则功利主义(rule-utilitarianism)认为,我们应该依据能够最大化促进总体善的规则去行动。 相比行为功利主义,规则功利主义的要求没有那么苛刻,因为规则是可以调整的,以制定更有约束力、更合理的要求。 不过,施韦泽可能对规则没有什么兴趣,因为他相信美德和理想伦理学可以得出更强的道德承诺,从而以间接的方式产生更多的总体善,同时也不失对个体自主性的尊重。 詹姆斯·雷切尔(James Rachels)概述了一个更有吸引力的功利主义版本,他称之为"多重策略功利主义":"普遍福祉是最终目的,但可以采用多种不同的策略作为手段去取得这个目的。"[63]施韦泽可能会同意,达到总体善的最佳方法是支持不同的个人计划。例如，关于分配福利的问题，施韦泽认为，一些人通过慈善活动服务社会，另一些人则通过创办公司提供更多就业机会而服务社会。[64]同时，他坚持认为，这些计划的第一重要性在于自我实现和对个人本真性的尊重。

总之，在构造其伦理理论过程中，施韦泽虽然表达了对理性（reason）的信仰，但他极少关注在实践决策制定层面上的推理（reasoning）。尽管如此，敬畏生命根据具体美德和理想为我们提供了道德指导，而这两者都包含了一些基本规则。再次，施韦泽依据不切实际的义务和过度的内疚感而建构道德绝对主义，这个理论是不现实的，但他的理想主义鼓舞人心，因为它肯定善的更高理想，我们可以自由地将这些理想通过爱的计划嵌入我们的生活中。我们应该放弃他对伦理和必然性的二分法，理由很明显，他所称的必然性包括诸如自我保护、自我发展等道德理想。经过这些调整，敬畏生命提供了一个融合伦理理想主义和自我实现的、深具吸引力的理论。

27

注 释

[1] Albert Schweitzer, *Philosophy of Civilization*, trans. C.T. Campion(Amherst, NY: Prometheus Press, 1987), p.164.

[2] Ibid., p.57.

[3] Albert Schweitzer, *Out of My Life and Thought*, trans. Antje Bultmann Lemke (Baltimore, MD: Johns Hopkins University Press, 1998), p.235.

[4] Albert Schweitzer, *A Place for Revelation*, trans. David Larrimore Holland(New York: Irvington, 1993), p.4. 比较 Albert Schweitzer, *The Teaching of Reverence for Life*, trans. Richard and Clara Winston (New York: Holt, Rinehart and Winston, 1965), p.41。

[5] Schweitzer, *Philosophy of Civilization*, p.310.

[6] Ibid., p.105.

[7] 关于作为指导的理想，参见 Nicholas Rescher, *Ethical Idealism* (Berkeley, CA: University of California Press, 1987), 同时参见 Alasdair MacIntyre, *After Virtue*, 2nd edn(Notre Dame, IN: University of Notre Dame Press, 1984); Iris Murdoch, *The Sovereignty of Good* (London: Ark Paperbacks, 1985); 以及 Edmund L. Pincoffs, *Quandaries andVirtues*(Lawrence, KS: University Press of Kansas, 1986)。

[8] Albert Schweitzer, *Philosophy of Civilization*, pp.311, 314—315, 328.

[9] 比较 Harry G. Frankfurt, *The Reasons of Love* (Princeton, NJ: Princeton University Press, 2004)。

［10］ Albert Schweitzer, *Goethe: Five Studies*, trans. Charles R. Joy(Boston, MA: Beacon Press, 1961), p.3.

［11］ Ibid., p.140.

［12］ Ibid., pp.139—140.

［13］ Ibid., p.141.

［14］ Schweitzer, *A Place for Revelation*, p.48.

［15］ Schweitzer, *Philosophy of Civilization*, p.122.

［16］ Ibid., pp.105, 124. 施韦泽无法认同亚里士多德在他过得好、幸福(*eudaemonia*)观念下对诸美德的统一。

［17］ Schweitzer, *Philosophy of Civilization*, p.133.

［18］ Ibid., p.140.

［19］ Ibid., p.317.

［20］ Ibid., pp.292, 299.

［21］ Schweitzer, *Out of My Life and Thought*, p.227.

［22］ Schweitzer, *Philosophy of Civilization*, p.311.

［23］ Ibid., p.315.

［24］ Ibid., p.320.

［25］ Ibid., p.291.

［26］ 比较 James Rachels, *The Elements of Moral Philosophy*, 4th edn(New York: McGraw-Hill, 2003), p.179。

［27］ Rhena Schweitzer Miller and Gustav Woytt (eds), *The Albert Schweitzer—Hélène Bresslau Letters*, *1902—1912*(Syracuse, NY: Syracuse University Press, 2003); 以及 James Brabazon, *Albert Schweitzer: A Biography*, 2nd edn (Syracuse, NY: Syracuse University Press), pp.142—163。

［28］ Albert Schweitzer, "The Ethics of Reverence for Life", *Christendom*, 1(1936): 232.

［29］ Schweitzer, *Philosophy of Civilization*, p.311.

［30］ Ibid., p.320.

［31］ Ibid., p.317.

［32］ Ibid., p.318.

［33］ 比较 John Kleinig, *Valuing Life*(Princeton, NJ: Princeton University Press, 1991), p.54。

［34］ Schweitzer, *Philosophy of Civilization*, pp.318, 324.有另一个例子, 一个农夫必须杀掉一些新生牲畜, 以确保其他牲畜有足够食物, 并生产利润。 Albert Schweitzer, "The Problem of Ethics in the Evolution of Human Thought", in Friends of Albert Schweitzer(eds), *To Dr Albert Schweitzer: A Festschrift Commemorating His 80th Birthday*(New York: Profile Press, 1955), pp.136—137.

［35］ Schweitzer, *Philosophy of Civilization*, pp.318, 325.

［36］ James D.Wallace, *Moral Relevance and Moral Conflict* (Ithaca, NY: Cornell University Press, 1988), p.78.

［37］ Schweitzer, *Philosophy of Civilization*, p.260.

［38］ Ibid., p.325.

［39］ Albert Schweitzer, *Indian Thought and Its Development*, trans. Mrs Charles E.B. Russell(Gloucester, MA: Peter Smith, 1977), p.84.

［40］ Schweitzer, *Philosophy of Civilization*, pp.314—315.

［41］ Ibid., pp.321, 326, 328.

［42］ 标记为 5:48。

［43］ Murdoch, *The Sovereignty of Good*, p.62.

［44］ Robert Nozick 在 *Philosophical Explanations* 一书中使用道德驱动力的用语。*Philosophical Explanations*(Cambridge, MA: Harvard University Press, 1981), p.401.

［45］ Schweitzer, *Philosophy of Civilization*, p.317.

［46］ Ibid., p.318.

［47］ James Brabazon 注意到, "内疚的"德语对应词语是 *Schuld*, 它也有债务一意,

28

他提议亏欠债务的意思非常接近施韦泽所指的内疚(Brabazon, *Albert Schweitzer*, p.61)。我同意大多数译者的观点,即施韦泽同时使用这个词的两重涵义。

[48] 比较 Sigmund Freud in *Civilization and Its Discontents*, trans. James Strachey (New York: W.W. Norton, 1961); 以及 Friedrich Nietzsche in *On the Genealogy of Morality*, trans. Maudemarie Clark and Alan J. Swensen(Indianapolis, IN: Hackett, 1998)。

[49] Schweitzer, *A Place for Revelation*, p.12.

[50] 连 James Brabazon 也拒绝接受把施韦泽的历史观看作是"可读可不读的选择"。Albert Schweitzer, p.276.

[51] Schweitzer, *Philosophy of Civilization*, pp.286—288.

[52] Ibid., p.57.

[53] Stanley Cavell, *Conditions Handsome and Unhandsome: The Constitution of Emersonian Perfectionism*(Chicago, IL: University of Chicago Press, 1990), p.2.

[54] Schweitzer, *Philosophy of Civilization*, p.288.

[55] Ibid., p.162.

[56] Ibid., p.293.

[57] Ibid., p.229.

[58] Albert Schweitzer, *The Mystery of the Kingdom of God: The Secret of Jesus' Messiahship and Passion*, trans. Walter Lowrie(Amherst, NY: Prometheus Books, 1985), pp.72, 174.

[59] Schweitzer, *Philosophy of Civilization*, p.162.

[60] Ibid., pp.150—162, 229, 287, 320.

[61] Schweitzer, *A Place for Revelation*, p.7.

[62] Bernard Williams, "A Critique of Utilitarianism", in J.J.C. Smart and Bernard Williams, *Utilitarianism: For and Against*(New York: Cambridge University Press, 1973); 以及 "Persons, Character and Morality", in Bernard Williams, *Moral Luck*(Cambridge:Cambridge University Press, 1981), pp.1—19。

[63] Rachels, *The Elements of Moral Philosophy*, p.198.

[64] Schweitzer, *Philosophy of Civilization*, p.320.

29

第4章 环境伦理学

我们意识到,所有生命是有价值的,我们与所有生命结成一个整体。从这个认识出发,我们建立与宇宙的精神联系。[1]

开始于20世纪60年代的环境保护运动受雷切尔·卡森(Rachel Carson)的《寂静的春天》一书的鼓舞,而这本书是她献给阿尔贝特·施韦泽的。[2]在40多年前,施韦泽在其著作中围绕这些主题确立了环境伦理学的基础:生命的统一性,所有生命的内在价值,以美德为导向的、根据情景作出决定的机制,以及个人责任。[3]为了发展这些主题,施韦泽诉诸拟人论、生物有神论、主观性和一种扩大的内疚感,这是令人困惑不解的,但我们在这里要表明的是,不必参照施韦泽所诉诸的这些理由,这几个主题仍然能够保持一致。当然,表明这些主题是一致的并不意味着它们就是真的。施韦泽环境伦理学的合理性就转化为它如何很好地与其他道德考虑相契合,包括敬畏生命所强调的所有理想和美德,从而构成一个令人满意的道德视角。

生命统一性

各种环境伦理学理论要么倾向个人主义，要么倾向整体主义。个人主义理论认为每一个有意识的动物具有内在价值（感觉中心伦理学），或认为价值在于每一个活生生的生命（生物中心伦理学）。整体主义理论（生态中心伦理学）认为内在价值在于生命共同体与无机环境（生态系统）、生命类型（物种）与整个自然的交互作用。敬畏生命认为个体生命和整个生命体都具有内在价值，以此沟通个人主义—整体主义的二分割裂。

施韦泽在 1919 年对敬畏生命提出最早的表述，整体主义和生命统一性是其中的显著主题。施韦泽惊叹于生命的奇异：生命是"宏大的、生机勃然的无穷创造"，它在"无限而常新的展现过程中焕发新生"[4]。对于生命的起源、死亡、无尽地转变成其他生命，他感到极为惊异。每当我们以爱的精神帮助其他生命，他都从中引出我们与所有生命联系在一起的统一感。

更充分地说，生命统一性的主题把散布在施韦泽著作中的观念和经验聚合在一起。

1. 植物、动物和人类在食物、能源和死亡这一复杂的关系网里相互作用、相互影响，新生命也由此成为可能。在每一个转折点上，人类的存活都有赖于与其他生物相互依赖的关系。[5]

2. 所有生命都拥有同样的生命意志，也就是说，它们拥有生存和发展的内在倾向。今天我们可以增加一条，这些倾向根植于生物共享的基因遗传信息的各种变异。

3. 我们有至少对一些人类和非人类生命感兴趣的自然倾向，认同

32

他们(它们),以同情感和同理心回应他们(它们)。 正如爱德华·O.威尔逊(Edward O. Wilson)晚年所称,这种热爱生命的天性(*biophilia*)为我们不断加深认识我们与其他生物的亲缘关系提供了基础。[6]

4. 同情是对遭遇苦难和不幸的人们与有感觉动物的自然反应。作为一个具有约束力的理想和美德,它要求在食物生产和医学实验上用人道主义的方式对待动物。[7]

5. 为了医疗目的的动物实验极大地减少了人类的痛苦,也在人类和动物之间创造了一种特殊的"团结"关系。[8]

6. 食物链的竞争和杀生不是自然界的唯一明显特征。 另一令人震惊的特征是不同动物、不同物种之间的合作和忍耐,经过进化,这成为物种共同生存斗争的一部分。[9]

7. 就像人类关心他们的孩子一样,大多数动物也关心它们的后代;有一些甚至关心它们亲缘群体之外的动物。[10]

8. 我们可以与许多不同种类的动物建立互惠关怀的同伴关系。[11]

9. 只要我们与自然建立和谐关系,我们就会对生命的存在产生由衷的敬畏之情,对生灵的统一性和差异性产生惊异之感。[12]

10. 人不过是数百万生命种类中的一种,每一个生命都是脆弱的、必死的,当我们理解了这一点,我们就会心怀谦卑。 从科学角度我们也认识到,我们既非宇宙的中心,也非宇宙的终极目的。[13]

总的来说,这些事实和经验促进我们产生与自然合为一体的精神统一性,"敬畏生命"这一短语恰当地传达了这层涵义。 生命统一体的意义也在斯宾诺莎、耆那教、佛教、印度教、美洲原住民宗教等世界观里以不同的侧重点有所体现。它也连接了天主教正统观念与自然主义世界观在思考环境问题上的共通点。对施韦泽来说,最重要的一点是,生命统一体在一个可感知的意义上奠定了自我实现伦理学的基础,我们感到个体生命是生命共同体的一部分——宇宙是所有生命的归属。

虽然施韦泽的精神信念并不清楚,不过这些信念逐步转向了生物有神论:这个观点认为所有生命在创造性层面构成了一股神圣的力量——一个普遍的、无限的生命意志,每一个生物都是这其中的一部分。[14]这种生物有神论在施韦泽的伦理理论中是一个具有约束力的、起决定性作用的构成部分吗? 敬畏生命首先是一种经验导向的"自然伦理",它关注的是我们经验到的自然,而不是超自然的神:

> 唯一的真实是显现在现象之中的存在。[15]

更重要的是,敬畏生命伦理学强调个体反思的必要性,而不是单纯顺应施韦泽本人对构成敬畏生命的道德和精神理想的解释。如果我们的个人确信指引我们放弃施韦泽关于生物有神论的形而上学,也不会由此推出我们必须放弃他的整个伦理学。[16]

J.克劳德·埃文斯(J.Claude Evans)提出一个反对意见,他认为施韦泽诉诸一个无限的生命意志,却未能接受死亡是生命不可缺少的部分,因此,施韦泽对世界乐观主义的肯定信念是失败的。对生命意志的信念最多不过重视生命在道德上令人愉悦的(创造性的)部分,这是把生命从它对死亡的依存关系中抽象出来:

> 施韦泽的"生命"概念并不指向我们所熟知的生命,指向本质上与死亡交织在一起的生命。[17]

埃文斯认为施韦泽相信一个本体论意义上的、超自然的神，它在自然世界的基底及背后。 我不认同他的这个观点，理由在于我将无限的生命意志解释为内在于这个世界的普遍意志。 不过，有一点我同意埃文斯的看法，施韦泽把生命从它的破坏性的部分中抽取出来，关注它的创造性的部分，这是与得到更多生态学信息支撑的整个自然是不相符的。

同时，与埃文斯的观点相反，更准确地说，施韦泽没有完全接受的是杀生，而不是死亡，不管是由人类造成的，还是自然发生的死亡。 施韦泽有时主张，甚至是"必要"的杀生也与伦理无关；有时则认为，必要的杀生可以是伦理的（道德上允许的），但仍然不属于神圣生命意志的创造性方面。[18]再次强调，他避免断言由动物和植物导致的杀生是生命神圣性不可或缺的部分。 以这种方式，施韦泽的生物有神论与我们所熟知的自然产生了冲突。 基于生物有神论，施韦泽把大部分自然事件看作是残忍的奥秘，"一场生命意志与其自身分裂的可怕戏剧"[19]。 施韦泽想让我们看到猎豹的价值，按照它的本性提高它的存活率和发展机会，但这样做就无视猎豹捕食瞪羚的天性，瞪羚的生存和发展同样也是我们应当重视的。 根据当代生态学的理解，敬畏生命应当引导我们关注自然的"神圣平衡"，有时候，我们为了创造生命而不得不杀掉其他生命。[20]我相信，敬畏生命能够按照这种方式进行修改，同时保留所有生命都有价值这一涵义。

对个体生命的同理心

施韦泽将道德关切的范围扩展到所有生物，认为它们都拥有独立于人类欲望和价值评估的"内在价值"。[21]这种以生命为中心的伦理学拒绝以人类为中心的伦理学（人类中心主义），后者认为只有人类才具有内在价值，非人类生命只具有为了满足人类衣食等需要的工具价值，或者具有像白头鹰体现出来的符号价值。[22]

生命意志论证为关注每一个生命的价值提供了主要论证。正如我们在第2章所见，这个论证诉诸理性与同理心的结合，以扩大我们固有的、虽然有限的同情心。我们越肯定自己的生命意志，越认识到其他生命如何进行生存和发展的斗争，我们就越能体验与其他生命的亲缘关系。实际上，我们在其他生命身上看到了自己：

> 无论你在何处看到生命——那就是你！[23]

合理扩展自然的同理心，我们对所有生命的态度成为我们对自己态度的"一部分"。以这种精神行事，我们对其他生物的救助行为指向一种所有生命结为道德和精神统一体的意识。这就是伦理神秘主义。

34　　生命意志论证以同情其他生命为中心，包括人类和非人类。*生物同理心*（*bioempathy*）是当代大部分环境伦理学理论的突出观念，施韦泽让这一观念成为敬畏生命的核心，这值得大加褒奖。[24]同时，施韦泽也因神人同形同性论而受到许多批评（即便他宣布放弃神人同形同性论）。特别是他从（1）作为在最低意义上生存与发展倾向的"生命意志"转向了（2）作为在健全意义上具有意图、目标、价值和有意识经验的"生命意志"。他告诉我们，所有生命都"像我一样渴望成熟和深度的发展"[25]。再次，

> 正如我的生命意志渴望更广阔的生命……和愉悦，伴随着可
> 怕的毁灭……我们称之为痛苦；在我周围的所有生命的生命意志

亦如此。[26]

所有的生物都遭受痛苦，一只甲虫能够"像你一样享受阳光带来的快乐"，每一个生物都"渴望"最大程度的完善。[27]

对此最明显的反对意见是，大多数生物不像我们一样具有意图、欲望和情感。[28]根据定义，没有感觉的生物并不会感到和寻求快乐，或感到和寻求避免痛苦。它们不具有生存和发展的欲望，因为欲望预设了认知和感知状态。植物和原生动物缺乏形成欲望、信念和行动的神经系统结构——作为一位内科医生，施韦泽对此非常了解。甚至许多有感觉的生物也缺乏形成自我生存和自我实现所必需的自我意识(self-consciousness)。把生命意志归于植物和更低层次的动物属于拟人化的做法，因为"意志"意味着有意识的意图、欲望和信念。

在某种程度上，施韦泽的神人同形同性论来自他的形而上学。如果每一个生物都是无限的生命意志的一部分，如果无限意志的基本特征在所有生物身上都得到呈现或体现，那么神人同形同性论几乎是不可避免的，尤其是如果我开始反思我们自己的生命意志。然而，没有这种形而上学，把人类的特征归于植物和原生动物就缺乏基础。不过，为了捍卫施韦泽的观点，我相信他通常是在形而上学意义上使用拟人化的形象推出生物同理心，这与他的生物有神论是相互独立的。

施韦泽是一位革命性的人物。他力图根本性地改变我们的道德视角，把所有生命都囊括进道德的范围，拟人化形象是达到这个目标最有力的修辞工具。在今天，就算是最严格的科学家，当他们写给普罗大众看的科普书，而不是写给同行看的技术性文章时，他们也依赖拟人化形象去引起大众对自然世界的关注。如果(If)生物同理心根据独立的理由是可取的，那么这种修辞策略作为一种旨在引起同感和同情心的道德诗篇也是合理的。 事实上，几乎我们所有人都具有一种自然倾向，"在我们自己的生命中"体验其他生命，

> 就像在所有情景和所有愿望中体验我们的生命意志一样。[29]

我们可以，有时也能够在生存与发展倾向这一更基本的层面上与其他生命视为一体。 这些经验在范围上潜在地是普遍的，因为生物同理心无需受限于具有意识的生命形式。

　　然而，为了让生命意志论证发挥作用，当我们细想我们与其他生命的相似点，同理心肯定自然而然地扩大其范围。 同样重要的是，生命意志论证产生一定程度的关切，它足以发展成为对其他生命的同情心和积极关怀。 我们会对玉米或海星产生同情心吗？ 事实上，科学家和自然主义者有时报告这类经验。 诺贝尔奖获得者、生物学家芭芭拉·麦克林托克（Barbara McClintock）用极为神秘的语调谈到她对"生物的感受"，包括她深入研究过的生物——玉米。[30]洛伦·艾斯利（Loren Eiseley）富有同情心地描述一位"海星投掷者"，他仔细地把海星捡起来，然后抛回海中。[31]约翰·缪尔（John Muir）、威廉·华兹华斯（William Wordsworth）和其他许多自然主义者与他们研究的生物建立和谐的关系。 我再加上一句，除了基于生物相似性和亲缘关系而产生的同理心，这些经验还包含了对生物之间的差异性和多样性的惊异之情。

　　那么怎么理解怜悯和同情，即超越移情性同感的积极关怀呢？施韦泽称之为"对每一个生命的同情"[32]。 不过，同情看起来只针对有感觉的动物，而不是植物和低等动物，才是合理的。 施韦泽是

35

在暗示植物也会感到痛苦这一荒谬观点吗？ 他在行文谨慎的时候，说每一个生命包含与敏感性"类似的能力"，这可以合理解释为该生命对所处环境任何类型的回应能力——有意识或无意识的。[33]实际上，施韦泽在一些地方同意，同情关注的对象是痛苦。[34]同时，我认为他经常将痛苦扩展到所有类型的不幸，而不仅仅是疼痛。 通过这种方式，施韦泽把同情扩展到所有对不幸的移情性反应。 这种扩展不是远离常识的极端做法。 例如，当我们知道一个婴儿在一场车祸或一桩恐怖爆炸事件中当场丧生，我们就会对他感到同情（不仅仅对他的父母），即便婴儿瞬间死亡而不会感到任何痛苦。 我们也会对一个陷入昏迷，感觉不到任何痛苦的家庭成员感到同情。

　　但这些例子涉及的是有能力感觉痛苦的生物。 我们可以对一株濒死的植物感到怜悯或同情吗？ 施韦泽论述道，他对被丛林吞噬的"棕榈树深感同情"[35]。 他试图努力把这些棕榈树挖出来，移植到其他地方，即便它们数量庞大，因而缺乏经济价值。 他也对一些"可怜的棕榈树"感到悲伤，因为大量织巢鸟在树上筑巢，导致它们承受不了重量而濒临死亡。 虽然这一次为了织巢鸟的生存，他没有采取行动去救助这些棕榈树。[36]很明显，他关心这些树，为它们的死亡感到难过。 他也对那些被剪下来装饰居室的花感到痛苦。[37]这些反应看起来可以说很极端，但它们绝不怪异。 很多人精心照料被认为有价值的兰花或橡树。 虽然从关心一株植物到同情它的不幸处境是一个跳跃，但我们并不是在处理一个情感的深渊。

　　简而言之，我们可以理解对非人类生命的同理心、同情和怜悯这些情感而无需依赖有争议的各种拟人化形式。 然而，理解这些情感是一回事；为这些情感辩护则是另一回事。 我们为什么应该对非人类的生命产生这样的情感呢？ 答案不可能在于所有生命都有价值，因为这样就犯了循环论证的错误。 生命意志论证旨在展示我们应该以一个与道德相关的方式感到同感或同情，因为所有生命都和我们一样。在与道德相关的意义上，所有生命都具有其本性被理解为生存和发展倾向的生命意志。即使我们将拟人化形象放在一边，我们仍然可以理解，大多数生物都具有这些倾向。最近一些伦理学家对这个观点作出了贡献。例如，保罗·泰勒认为，每一个生物是"生命的目的论中心，以它独特的方式努力保存自身，实现它的善"[38]。约翰·克雷尼格（John Kleinig）认为，"大多数生物——如果不是全部——都有一个特征，它们有一个目的（*telos*）：它们是在生命的周期里充分实现自身的存在者。"[39]加里·E.瓦尔纳（Gary E. Varner）提到，"只有个体生物拥有道德上值得考虑的兴趣"[40]。

最终，我们可以把这个道德关切的范围扩展到什么程度，取决于我们生物同理心的能力，而这些能力在不同人的身上可以相差很大。我发现自己最终无法对威胁人类生命的微生物产生移情性的同理心。即使当我明白它们在生态系统中发挥很大作用，我仍然不会对消灭它们感到遗憾或内疚。不过，我这样做不代表我急于在有价值和无价值的生命之间划出清楚的界限。在比较宽泛的限度内，施韦泽把同理心的对象不断扩展到整个生物圈，这是一个富有吸引力的理想。

最后，生命意志论证也取决于这个预设：我们最"基本"的东西是我们的生命意志，我们与其他生命共享的生存和发展的意志。如果生命意志是我们本能的自我肯定的最根本的基础，那么生命意志论证仍然很有前景。它的核心在于：由于我们具有生命意志，我们把自己看作是有价值的；所有其他生命的生命意志与我们的生命意志之间存在意义重大的相似性；因此，基于我们的同理心，我们应该把其他生命看作是有价值的。但我们的生命意志是我们本能的自我肯定的基础吗？需要注意的是，这个论证不是指我们的生命意志为肯定我们的生命提供了道德辩护（moral justification）；它也不是意味着因为我们有生命意志，我们就可以把自己的生命看作是最有价值的。
这个论证不过在说，我们的生命意志包含了自我肯定，作为我们生存
和发展倾向的生命意志是自我肯定的最基本的根基。 是生命意志，
而不是我们的理性思维能力，以更基本的方式定义了我们自己和我们
的价值。 在我看来，这个观点非常合理；我们事实上并且应该在这
个层面把我们自己视作是有价值的，对我们的品格或对我们作为道德
主体的地位的尊重都没有这个层面基本。 同时，我们同样出于其他
理由恰当地把自己视作有价值的，这些理由超出了与其他生命共享的
最低限度的生命意志。 这将我们带向对生命形式进行等级评价的
问题。

评价物种的价值

当施韦泽首次引入敬畏生命这一理念，他认为人类生命的价值理
所当然高于非人类生命，尤其人类的孩子比起夺去他们生命的肺结核
芽孢杆菌肯定有更高价值。[41]不过几年后，施韦泽放弃对物种和个
体生命进行道德价值的评价，尽管面临许多批评，施韦泽仍不改立
场。 他告诉我们，伦理的人

> 不问这种或那种生命在多大程度上是值得的；他也不问它是
> 否或在多大程度上具有感受能力。生命本身对人就是神
> 圣的。[42]

用更谨慎的措辞表述这句话："生物之间不存在不容变化的价值等级
区分。"[43]

　　这意味着施韦泽认同以生物为中心的激进平等主义吗？ 根据这一观点，所有生物具有平等的价值。 他相信生物之间"在伦理上不存在区分"吗？ 就像一些评论者所称，难道施韦泽相信一只原生动物和一个人具有同等重要的伦理价值吗？[44]当然不是！

37　　施韦泽强调，尽管我们不应当在生物之间进行抽象的价值等级排序，但我们必须根据实际情况确定优先性。 他不是说所有生物在道德价值上是平等的，不论这可能意味着什么。 生物之间的差别是精微而巨大的。 我们有必要区分如下主张：（1）不存在对不同生命形式进行普遍道德价值等级排序的合理基础；（2）每一个生物与其他生物在道德价值上都是平等的。 保罗·泰勒为了维护他平等主义版本的生物中心论（biocentrism），从（1）滑向（2），他告诉我们，所有生物"拥有相同的（same）内在价值，因为没有任何一个生物比另一个更优越"[45]。 施韦泽的结论比保罗·泰勒更谨慎。 毕竟，虽然平等主义断言生物都具有同等的价值，它也不过对生命进行等级排序。 当施韦泽说"我必须以平等的敬畏之心将其他生物的价值视作高于我的"，他是在断言其他生命和我的生命一样，都值得敬畏；他不是在评论其他生命相对的价值等级。[46]

　　施韦泽在他个人的行为中非常清楚地假定，当至关重要的人类利益与植物和动物（非人类）的利益发生冲突时，人类利益往往具有道德上的优先性。[47]就算是他最喜欢的宠物鹈鹕受伤了，对它的医治也必须排在人类病人之后。 只有在极为少见的紧急情况下，相比没有那么紧迫的人类病人的需求，动物的根本需求才会得到优先考虑。[48]他也假定，动物医学实验只有承诺对人产生极大利益，并且承诺尽可能用人道的方式对待动物，才能得到允许。[49]诚然，最直接的问题不是施韦泽本人是否确定某些合理的优先性，而是他的伦理理论是否为所有理性的个人提供了行动基础。 为什么拒绝进行等级排序？

对于这个问题，施韦泽提供了两个理由，每一个都很有趣，但都不充分。[50]首先，价值的等级排序助长了麻木不仁地虐待某些生命，将它们视为无价值的，并任意毁掉它们的这些做法。这是一个真正的问题，但它可以通过运用良好的道德判断而得到解决。第二，施韦泽坚持认为，等级排序不能根据不同的生命形式对宇宙的不同贡献而得到辩护，因为我们对任何对宇宙的贡献或作用缺乏知识。作为回应，这样的知识是无关的。伦理学是关于人类必须根据我们所确定知道的设定优先性。施韦泽的推论就这么多，他只是在坚持认为，优先性需要被限制在特定的情况下。

我们可能会同意，只有当价值的等级排序有一个实践的意义和辩护，我们才应该作出这样的区分。即便如此，也存在许多这样的辩护，包括超出个人决定的各种目标，这些目标影响到公共决策和道德共同体，更不用说影响到心智健全的人。如果我们心智健全，具有道德能力，那我们就会明白人比原生动物有更重要的道德价值。这个道德价值不是一个抽象，相反，它用实践准则规定人类应当得到怎样的对待。例如，这些规范规定了我们不得未经他人同意就在他们身上进行实验，与之不同，就算对有感觉的动物进行医学实验，如果实验结果可以拯救许多人类生命，那么它就能够得到辩护。这些准则还规定了，不管我们对吃肉有什么分歧，种植和食用植物在道德上都是允许的。

最终，施韦泽拒绝把人类利益列为高于"低级"动物和植物利益，其理由正是他的形而上学。如果每个生命是一个普遍的半神化生命意志的神圣部分，那么对生命进行区分或等级排序就是亵渎神灵，不管是对个体生命还是对某一物种的成员。如果我们不考虑这个形而上学，敬畏生命当中还有其他方面可以辩护（允许，要求）对生

38

57

命形式的有差别的道德反应吗，如果这个差别区分不是"不容改变的"？ 我相信有这样的辩护。 就算我们并不完全认同对价值的一般区分，在社会政策而非个人决定的层面上，关于依据情景而进行的价值区分仍然存在理性对话的基础。

每一个生命都是一个生命意志，一个或多或少将生存和发展冲动结合在一起的统一体。 不过，有机体在发展模式和重要的道德能力之间相差甚远。 虽然我们尊重自己和其他人的价值，视为具有生存和发展的倾向，我们还会基于超出这些倾向之外的理由尊重人类的价值。 更准确地说，我们基于与人的发展能力的独特本质相关的理由而尊重人类个体。 我们在很多层面上肯定我们自己和其他人的价值，包括一般性质（普遍的人类能力）和具体性质（兴趣、成就、关系、德性等）。 在这些方面，人类与其他生命（例如虫子和麦子）不具有可比性，我们的全部价值远远超过我们与所有生命都具有的本能冲动。

我们与道德相关的能力是我们感知痛苦和快乐的能力。 施韦泽在讨论同情这种情感时，理所当然地认为有感觉的动物具有道德地位，这与植物和没有感觉能力的动物不同。 他谴责为一时快感而猎杀有感觉的动物的行为，例如，斗牛、斗鸡和捕猎活动。[51]他也谴责在医学实验和科学教学中虐待有感觉能力的动物的行为，认为实验活动必须限制在绝对必要的地方，同时把动物的痛苦降到最低。[52]他还认为，对我们不能再关心的牲畜，仁慈地杀掉它们比任由它们缓慢而痛苦地死去更富有同情心。[53]施韦泽对植物医学实验没有作出类似的主张。 就算我们避免断定有感觉的动物比其他动物具有更大的内在价值，背后的涵义是一样的，即有感觉的动物对我们施加特殊的道德要求。 人类比动物拥有更丰富的道德能力，也由此对我们提出更高的道德要求。

相反地，根据生命有机体的情况，它们的发育能力之间存在显著的差异性(例如，在植物和微生物之间)，也存在显著的相似性(例如，在类人猿身上)。 生物发育能力的差异性几乎不能为蓄意消灭一个物种提供辩护(这种情况发生在脊髓灰质炎病毒和艾滋病毒)，但它们可以证实一个常识共识，即人类比海藻有更巨大的内在价值。 它们也可以为照顾黑猩猩而非石鳖提出辩护，理由在于这两个物种在精神和社会生活方面存在巨大的差异。

因此，在厘清施韦泽观点的过程中，我没有为他拒绝所有一般的生命等级排序作出辩护。 我们确实需要珍视人类生命的特殊神圣性，同样也需要强调有感觉的动物的特殊价值。 不过，他对一般的生命价值等级排序的关切仍然为我们作出了重要警示。 确实，一旦我们超越不能对人类和有感知的动物带来不必要的痛苦这一基本义务，一般的生命等级排序便容易变得很空洞，我们大多数人都对每一天世界上有成千上万的孩子死去这一事实习以为常，同时仍然为我们喜爱的宠物或花园花费大量资源。 在实践中，甚至在作出生死攸关决定的时候，我们大多数人都会根据具体情境作出类似施韦泽所强调的决定。

作出负责任的决定　　　　　　　　　39

当施韦泽坚持认为，确定道德优先性需要根据具体的情境，而不是根据普遍规则，他还补充了一条，道德优先性是主观和任意的。[54]通常在人决定干涉自然以便拯救一只生物而非另一只的情景下作出说明，例如，为了救一只鱼鹰而杀掉一些小鱼去喂它，但他有时给我们留下这样的印象，在不同生命之间作出的选择都是主观和任意的。 在当代人看来，他的言论表明选择与良好判断和推理无关，而与我们在特定情境下产生的主观情感相关。 这个观点不能为环境伦理学提供一个合理的基础，并且与施韦泽本人的观点相悖，即自尊、同情和感恩等具体理想如何与个人爱的计划一起为我们提供一个根据情景而行动的指南。

　　首先，施韦泽告诉我们，敬畏生命禁止不必要的杀生。 正如第3章所述，"必要"并不意味着"不可避免"，而是指根据迫切的道德理由而"得到正当辩护"（可允许的、有义务的）。 他关于必要杀生的典型例子包括自我保存：为了自卫、获得食物、合法谋生而杀掉其他生物，例如，畜牧业活动。[55]必要的杀生也包括了人类合理活动中不可避免的杀生，比如走路时踩死一些小生命。 在这些例子中，对自己生命的敬畏为必要的杀生提供了合理辩护，合理杀生的目的是为了自我生存和自我实现。 此外，对其他人类生命的敬畏有时也能为杀生提供辩护。 为了拯救更多人类生命，牺牲动物来做医学实验，这是可辩护的，更不用说为了给病人提供安全的手术环境而杀掉有害的微生物这种杀生行为。

　　另一个美德同情被用于人类和有感觉的动物身上。 施韦泽视为理所当然，并将同情扩展到对其他生命的不幸境况的关怀回应，在诸多不幸情形中，施韦泽尤其对疼痛（pain）赋予特殊意义。 施韦泽对动物医学实验表示深切的关心，他认为，在动物医学实验的过程中，应当把它们的疼痛减到最低，此外，他的痛苦共同体观念也体现了这一关切（正如第6章所讨论）。 同情要求对有感觉的动物提供支持，但它同样可以终止这样的支持：

　　　　可能发生很多这样的情况，违背不杀生的戒律比固守这条戒律更能让同情发挥作用。当我们对一个生命遭到的痛苦无能为力，仁慈地杀掉它，免除它的痛苦，好于对此无动于衷。[56]

同情要求人们成为素食主义者吗？ 施韦泽拒绝在有感觉和无感觉的生物之间做出有差别的判断，让这个问题的迫切性变得很模糊。值得注意的是，施韦泽直到晚年才成为一个素食主义者，这距离他提出敬畏生命伦理学已经有 40 年之久了。[57] 如果牛和卷心菜在生命神圣性上是同等的，为什么食用其中一个物种会引发更严重的道德不安呢？ 一旦我们承认有感觉的动物和无感觉的动物之间存在道德区别，尤其当我们关注现代肉类生产对有感觉的动物带来的痛苦，这个问题对敬畏生命伦理学就变得极为重要。

对是否食用肉类做出负责任的决定，这取决于我们的动机和意图，也有赖于肉类生产的环境因素。 特别是饲养和屠宰动物有没有根据人道的方式？ 施韦泽强迫自己面对这一问题：什么时候杀掉动物才能保证把它们的痛苦降到最低。 如果我们吃肉，我们至少应当自愿尽所能支持用人道的方式对待动物。 如果我们能够提供支持，也许我们应该选择食用在农场自由放养的鸡和其他农产品，因为农场允许它们正常生活。 再次，施韦泽告诉我们，敬畏生命禁止的是为了娱乐消遣而杀生，但它不禁止为了获得食物和其他必需品而杀生。[58]

感恩是另一个行动指导。 我们应该对被用于医学实验、让我们受益的动物表达感恩之情。[59] 鉴于动物不会从我们的立场对我们施加恩惠，如果感恩是一个过于强烈的措辞，那么至少我们应该对动物感到有所亏欠。 它们的痛苦创造了一种我们与它们联合在一起的关系。 施韦泽认为，我们的感谢之情应该推广到所有生命，但可能我们也可以把感激之情的对象设想为某个确定物种的成员，我们对它们负有特殊的补偿责任，这里考虑到濒危物种和栖息地这些生态因素。

正如感恩之情一样，热爱和平让我们回归到对整体的关切。 敬畏生命意味着只要有可能就维护和平，它也要求我们采取行动，支持

40

其他生命。 我们渴望用同情的方式与自然建立联系，从而在宇宙中感到安宁自在。 另外一些宽泛的美德包括谦卑，其中最全面的是作为整体美德的敬畏生命。

那施韦泽决定杀掉一些小鱼喂养一只鱼鹰幼鸟又怎么样呢？[60] 在一处情景中，他看到有老鹰在吃织巢鸟的幼鸟，听见它们的父母发出悲痛的鸣叫声，对此感到非常难过而选择射杀老鹰。[61] 他说，在这两种情形下作的决定都是遵从个人的判断。 事实上，选择救鱼鹰可能出于更好的理由，例如，它们的数量远远少于鱼的数量，或者它们作为濒危物种应当受到保护（今天的情况）。 对于射杀老鹰的决定，如果使用同样的理由，则有可能会受到挑战。 即使我们跟施韦泽一样，对不同生命的价值作出抽象的等级区分感到犹豫，我们也能够理解他的故事：为了拯救一个生命而牺牲另外一些生命。 他的故事可以被看作决定什么是"必要"杀生的良好判断力的道德寓言。

在一般理想之外，我们个人爱的计划也提供了根据情境而行动的指导。 当我们对特定的动物同伴、特定的动植物物种或特定的生态系统产生（道德上允许的）特殊的情感，这些感情就能形成在具体情境中的道德要求。

最后，施韦泽认为，他的伦理思想对我们提出绝对的要求，我们应该对每一次杀生行为感到内疚：

> 每当我以任何方式牺牲或伤害生命,我就处在伦理领域之外,但我仍然会感到内疚,无论出于利己主义的动机,维护自身的生存或利益而产生的内疚,还是出于非利己主义的动机,维护其他生命的生存或它们的福利而产生的内疚。[62]

当我们杀掉一只蚊子，我们就是"凶手"；当我们灭掉大量细菌，我们就是"大屠杀者"。[63]这些都是极不寻常的主张！ 无可否认的是，这些主张有一定的真实性，因为它们都源于他的形而上学。[64]如果每一个生命都是神圣的，那么杀生就等同亵渎神圣之物。 但逻辑一致性是一回事，合理性则是另一回事。 合理性关注的是道德动机和对每一个小生命价值的道德判断。 施韦泽给自己施加了巨大压力，他似乎发现内疚感是道德动机的一个有益来源。[65]然而，如果我们认真对待施韦泽关于内疚的极端信念，我们大多数人可能就会被类似的内疚感所击垮。

41

　　我们可以承担敬畏生命的更大责任，而无须淹没在过度的内疚感中。 责任的核心意义指的是接受施加给我们的义务，努力达到义务的要求，并有足够的道德能力去行动，也就是说，敏锐地回应按照充分的道德理由而行动的责任。[66]当这些理由是健全而充分的，杀生就得到了辩护，也就不必牵涉到内疚感。 尤其是当一位医生消毒手术器械而灭掉细菌，或当病人服用抗生素杀掉体内细菌，这里没有内疚感产生——一点儿也没有。 我们食用植物和没有感觉的动物，也不会产生内疚感（这里暂不讨论关于素食主义的争议）。

　　这并不意味着我们的杀生行为如果得到辩护，我们就绝不应该产生任何不舒服的感受。 后悔（*Regret*）和悲伤（*sadness*）这两种情感完全是恰当的。 当我们有理由希望我们没有夺走过其他生物的生命，后悔就是恰当的情感，与之相对，当我们杀掉其他生物的行为没有得到辩护，内疚就成为恰当的情感。 后悔可以是温和的，也可以是强烈的，而当我们必须为患了绝症的心爱宠物施行安乐死，后悔可以伴随悲伤、悲痛和可怕等强烈情感。 后悔的情感除了集中在具体的杀生行为，它还是一种对我们深陷于杀生循环中的普遍反应。

　　如果我们重新主张用常识为"必要"的杀生行为辩护，我们是否放弃敬畏生命的精神？ 不是。 敬畏生命也包括敬畏我们自己的生命，这体现在自卫行为中。值得钦佩的是，施韦泽力图避免基于权宜之计的伦理思想，根据这样的伦理思想，人们盲目地践踏其他生命的利益。但这样做，他就在伦理领域和必要领域之间制造了一个错误二分法。为了达到理论上的一致性，他应该提出伦理领域包括必要的杀生（为了自卫或为了保护其他生命），而不是排除必要的杀生。我们可以认同的一点是，我们更应该认识到，我们应该避免的是"漫不经心"的杀生，并为杀生承担责任——按照责任（义务）的合理标准而理解的杀生责任。但我们也应该放弃源于施韦泽形而上学思想的过度内疚感。

总之，施韦泽的精神生活帮助他大胆提出了以自然为中心的伦理学，这比大多数哲学家开始构建环境伦理学早了几十年。虽然他对支配一切生命的生命意志的形而上学信念扭曲了他的一些核心观点，但搁置一些有问题的地方，他的伦理学的中心主题仍然是完整的。这些关键要素包括生命统一体，基于共同本能的对其他生命的同理心，统一在敬畏生命的精神理想下的、以美德为导向的灵活视角，以及意识到生命之间的不同、但仍然承担促进生命的责任承诺。当施韦泽呼吁我们停止漫不经心的杀生，在我们杀生之前应先作一番思考，他的意图是让我们应该运用良好的道德判断能力认真地（*well*）想一想。

42　**注　释**

[1] Albert Schweitzer, "Religion and Modern Civilization", *Christian Century*, 51 (28 November 1934):1520.
[2] Rachel Carson, *Silent Spring*(Boston, MA: Houghton Mifflin, 1962).
[3] 虽然我不同意以下哲学家的部分解释，但他们对施韦泽的环境伦理学仍然提供了富有洞见的讨论：J.Baird Callicott, "On the Intrinsic Value of Nonhuman Species", in Bryan G.Norton(ed.), *The Preservation of the Species: The Value of Biological Diversity* (Princeton, NJ: Princeton University Press, 1986), pp. 153—155; John Kleinig, *Valuing Life*(Princeton, NJ: Princeton University Press, 1991), pp.47—56; Lawrence E. Johnson, *A Morally Deep World* (New York: Cambridge University Press, 1991),

pp.134—141; Erazim Kohak, *The Green Halo: A Bird's-Eye View of Ecological Ethics* (Chicago, IL: Open Court, 2000), pp.79—83; J. Claude Evans, *With Respect for Nature*(Albany, NY: State University of New York Press, 2005); 以及 Joseph R. Des Jardins, *Environmental Ethics: An Introduction to Environmental Philosophy*, 4th edn (Belmont, CA: Wadsworth, 2006), pp.131—134。近年对施韦泽的最新兴趣是把他的作品选入一些使用广泛的选集中, 例如: Tom Regan and Peter Singer(eds), *Animal Rights and Human Obligations*, 2nd edn(Englewood Cliffs, NJ: Prentice Hall, 1989); Susan J. Armstrong and Richard G.Botzler(eds), *Environmental Ethics*(New York: McGraw-Hill, 1993); Louis P. Pojman (ed.), *Environmental Ethics: Readings in Theory and Application*(Boston, MA: Jones and Bartlett, 1994)。

[4] Albert Schweitzer, *A Place for Revelation*, trans. David Larrimore Holland(New York: Irvington, 1993), p.10.

[5] Albert Schweitzer, "The Ethics of Reverence for Life", *Christendom*, 1(1936): 237.

[6] Ibid., p.225.同时参见 Edward O. Wilson, *Biophilia*(Cambridge, MA: Harvard University Press, 1984), pp.1, 85。

[7] Albert Schweitzer, *Philosophy of Civilization*, trans. C.T. Campion(Amherst, NY:Prometheus Books, 1987), p.318.

[8] Ibid.

[9] Ibid., p.260.

[10] Schweitzer, "The Ethics of Reverence for Life", pp. 237—239; Schweitzer, *Philosophy of Civilization*, pp.224—226.

[11] Albert Schweitzer, *Letters, 1905—1965*, trans. Joachim Neugroschel, ed. Hans Walter Bahr(New York: Macmillan, 1992), p.350.

[12] Albert Schweitzer, *Reverence for Life: Sermons 1909—1919*, trans. Reginald H. Fuller(New York: Irvington, 1993), pp.114—115.

[13] Schweitzer, "The Ethics of Reverence for Life", p.226; Schweitzer, "Religion and Modern Civilization", p.1520.

[14] Schweitzer, *Philosophy of Civilization*, p.283; 比较 p.79。在这方面, 施韦泽受到叔本华唯意志论形而上学的影响, 根据叔本华的观点, 终极的实在是意志。在施韦泽的著作里, 只有很少的段落可以看到叔本华对他的影响, 在这些段落里, 施韦泽描述整个世界(不仅仅是生命), 包括无机晶体和雪花, 都体现了生命意志(*Philosophy of Civilization*, p.282; *Reverence for Life*, p.115)。而这样的段落在叔本华的书中随处可见, 参见 Arthur Schopenhauer, *The World as Will and Representation*, trans. E.F.J. Payne, vol.II(New York: Dover Publications, 1966)。与叔本华不同, 施韦泽深受宗教影响, 他的乐观主义与叔本华彻底的悲观主义截然相反。

[15] Schweitzer, *Philosophy of Civilization*, p.304; Schweitzer, "The Ethics of Reverence for Life", p.235.

[16] 比较 James F.Doyle, "Schweitzer's Extension of Ethics to All Life", *Journal of Value Inquiry*, 11(1977), p.45。

[17] Evans, *With Respect for Nature*, p.130. 比较 Kohak, *The Green Halo*, p.93。

[18] Schweitzer, *Philosophy of Civilization*, pp.309, 317, 324.

[19] Ibid., p.312.

[20] David Suzuki, *The Sacred Balance: Rediscovering Our Place in Nature*(Vancouver: Greystone Books, 2002).

[21] Schweitzer, *Philosophy of Civilization*, p.57. "扩展范围" 这个短语经过 Peter Singer 的著作而广为周知, 它来自 Schweitzer in *Indian Thought and Its Development*, trans. Mrs Charles E.B. Russell(Gloucester, MA: Peter Smith, 1977), p.251,以及其他文本。

[22] 关于内在价值, 参见 Des Jardins, *Environmental Ethics*, p.112。

[23] Schweitzer, *A Place for Revelation*, p.10.

[24] J. Baird Callicott 批评施韦泽之后, 诉诸 "生物同理心" (bio-empathy)这一概念, 参见 J. Baird Callicott, "On the Intrinsic Value of Nonhuman Species", pp.156—

43

162。 我对施韦泽的解释综合了他们的观点，使二者的意思更加接近。 与施韦泽一样，John A.Fisher 同样诉诸同理心，参见 John A.Fisher，"Taking Sympathy Seriously: A Defense of Our Moral Psychology Toward Animals"，in Eugene C.Hargrove(ed.)，*The Animal Rights/Environmental Ethics Debate: The Environmental Perspective* (Albany, NY: State University of New York Press, 1992),pp. 227—248; Kenneth E. Goodpaster，"On Being Morally Considerable"，*The Journal of Philosophy*，75(1978): 308—325;以及 Paul Taylor，*Respect for Nature* (Princeton, NJ: Princeton University Press, 1986)。

［25］Schweitzer，"The Ethics of Reverence for Life"，p.230.

［26］Schweitzer，*Philosophy of Civilization*，p.309.

［27］Schweitzer，*Letters，1905—1965*，p.336; Schweitzer，*Reverence for Life*，p.115; Schweitzer，*Philosophy of Civilization*，p.282.

［28］Peter Singer，*Writings on an Ethical Life* (New York: HarperCollins, 2000), pp.99—100; Tom Regan，*The Case for Animal Rights*，updated edn (Berkeley, CA: University of California Press, 2004), pp.241—243.

［29］Schweitzer，*Philosophy of Civilization*，p.311.

［30］Evelyn Fox Keller，*A Feeling for the Organism: The Life and Work of Barbara McClintock* (New York: W.H. Freeman and Company, 1983).

［31］Loren Eiseley，*The Star Thrower* (San Diego, CA: Harcourt Brace, 1978), pp.169—185.

［32］Albert Schweitzer，"The Problem of Ethics in the Evolution of Human Thought"，in Friends of Albert Schweitzer(eds)，*To Dr Albert Schweitzer: A Festschrift Commemorating His 80th Birthday* (New York: Profile Press, 1955), p.137. 同时参见 Schweitzer，*A Place for Revelation*，p.11。

［33］Schweitzer，*A Place for Revelation*，p.25.

［34］Schweitzer，*Philosophy of Civilization*，p.311.

［35］Albert Schweitzer，*The Primeval Forest*，trans. C.T. Campion(New York: Pyramid Books, 1961), p.232.

［36］Schweitzer，*Letters，1905—1965*，p.303.

［37］Schweitzer，*A Place for Revelation*，p.27.

［38］Taylor，*Respect for Nature*，p.121.

［39］Kleinig，*Valuing Life*，p.172.

［40］Gary E.Varner，*In Nature's Interests?: Interests，Animal Rights，and Environmental Ethics* (New York: Oxford University Press, 1998), p.7.

［41］Schweitzer，*A Place for Revelation*，pp.15—16; 比较 p.26。

［42］Schweitzer，*Philosophy of Civilization*，p.310.

［43］Albert Schweitzer，*The Teaching of Reverence for Life*，trans. Richard and Clara Winston(New York: Holt, Rinehart and Winston, 1965), p.47.

［44］Kohak，*The Green Halo*，p.81.同时参见 Mary Anne Warren，她在这方面误解了施韦泽的观点，参见 Mary Anne Warren，*Moral Status: Obligations to Persons and Other Living Things* (New York:Oxford University Press, 1997), p.33。

［45］Taylor，*Respect for Nature*，p.155.

［46］Schweitzer，"The Ethics of Reverence for Life"，p.230.

［47］James Brabazon，*Albert Schweitzer: A Biography*，2nd edn(Syracuse, NY: Syracuse University Press, 2000), p.281.

［48］Edgar Berman，*In Africa with Schweitzer* (New York: Harper and Row, 1986), pp.188—193.

［49］Schweitzer，*Philosophy of Civilization*，p.318.

［50］Albert Schweitzer，*Out of My Life and Thought*，trans. Antje Bultmann Lemke (Baltimore, MD: Johns Hopkins University Press, 1998), p. 235; Schweitzer，*The Teaching of Reverence for Life*，p.47.

［51］Schweitzer，*A Place for Revelation*，pp.27—28. 同时参见 Albert Schweitzer，*The Animal World of Albert Schweitzer*，trans. Charles R. Joy(Boston, MA: Beacon

44

Press，1950)。

［52］Schweitzer，*Philosophy of Civilization*，p.318.

［53］Schweitzer，*Indian Thought and Its Development*，p.83.

［54］Schweitzer，*Out of My Life and Thought*，p.236；Schweitzer，"The Ethics of Reverence for Life"，p.233.

［55］Schweitzer，*Philosophy of Civilization*，pp.316—317；Schweitzer，*A Place for Revelation*，p. 31.

［56］Schweitzer，*Indian Thought and Its Development*，p.83.

［57］Brabazon，*Albert Schweitzer*，p.495. 同时参见 Berman，*In Africa With Schweitzer*，pp.196—197。

［58］Schweitzer，*A Place for Revelation*，p.28.

［59］同上，p.34；*Schweitzer*，*Philosophy of Civilization*，p.318.

［60］Schweitzer，*Out of My Life and Thought*，p.236.

［61］Schweitzer，*A Place for Revelation*，p.30.

［62］Schweitzer，*Philosophy of Civilization*，p.325.

［63］Ibid.，pp.316—317.

［64］在以下段落里也蕴含着本真性观念："我帮助一只处于困境中的昆虫，这样做无非就是减轻了一点人类不断伤害动物的罪过。"（Schweitzer，*Philosophy of Civilization*，p.318.）然而，没有施韦泽的形而上学背景，这样的补偿最多只是象征性的。

［65］Louise Jilek-Aall，*Working with Dr Schweitzer：Sharing his Reverence for Life*（Blaine，WA：Hancock House，1990），pp.189—190.

［66］Kleinig，*Valuing Life*，p.55.

45

第5章 本真性：敬畏自我

真诚是心灵和精神生活的根基。[1]

敬畏生命始于对自我的敬畏，这是精神性上深刻的对自我的尊重，从自我尊重中形成对自我实现的承诺。[2]进而，敬畏自我建立在真诚的基础上，或我们现在更倾向说的本真性。本真性有三个主要方面：对自我的真诚（对我们自己保持诚实）、对自我保持忠诚（对充分而均衡发展的自我实现的承诺）和完整性（对我们所经历的生活保持道德上的一致性）。[3]这一章讨论本真性的每一个方面，然后回应一个反驳意见：自我完善的伦理会导致伪善。

对自己保持真诚：施韦泽与萨特

最为人熟知的本真性概念来自让·保罗·萨特的存在主义，他碰巧是施韦泽的表亲。[4]萨特把本真性和一个极端主观的伦理学视角联系在一起，就像很多后现代主义文化一样。[5]对萨特而言，本真性在于我们充分意识到，我们必须在缺乏客观有效的价值的情况下作出

第5章　本真性：敬畏自我

自由选择：

> 没有任何事物,绝对没有,能够为我采用这个或那个特定的价值、这个或那个特定的价值观作出辩护。[6]

与之相对,施韦泽将本真性建立在个人内在价值的基础上,并将其与得到客观辩护并定义自我实现的理想联系起来,同时给予我们充分的空间,让我们能够以良好的道德信念的精神去解释这些理想。 就像萨特和尼采一样,施韦泽也论及"价值创造"[7]。 萨特和尼采考虑的是发明价值,而施韦泽指的是那些深深嵌于得到客观辩护的理想之中的价值,在我们的生活中,这些价值能够产生有意义的成就和关系。

施韦泽和萨特都同意对自我保持真诚是本真性的核心。 不过,对施韦泽来说,对自我保持真诚指的是按照可辩护的道德理想,以道德完整性为中心成为一个真实的自己。 自我诚实也意味着对赋予生命以意义的价值、活动和关系进行自主而深入的思考。 它也要求避免虚假和自欺。[8]活生生(*living*)的真理根源于我们内心,作为对关切的个性表达,它通过创造一种意义感而激发我们行动。 所有对生命意义的真诚反思都具有展现道德自主性的价值,当反思有助于实现可辩护的价值,它的价值也有所增加。[9]

由此来看,自主性并不意味着任意。 施韦泽确实极大地扩展了道德自由决定权的范围,支持解决伦理困境的多样化的道德方法,但他还是明确认为道德的自由决定权要在可辩护的理想的框架内运作。虽然道德自主性观念来自康德的道德理论,但它以理想为导向的伦理取代了康德以义务为导向的抽象的道德命令,以理想为导向的伦理根植于人的基本需求和愿望。[10]同样地,敬畏生命提供了一个更有活

46

力的伦理学，同时确保道德反思不会滑向主观主义。

查尔斯·泰勒(Charles Taylor)使用"滑向主观主义"这一短语，表达了一个在很多地方与施韦泽相似的本真性观念。[11]这两位思想家都把本真性理解为我们根据可辩护的价值而生活的指导。本真性迫使我们对自己的生活和性格负责，同时肯定个人价值和尊严。[12]泰勒认为，可辩护的价值构成了赋予生命以意义的"重要性视域"——客观意义(价值)与主观意义(意义感)。此外，施韦泽和泰勒都认为德国思想家是他们的先驱，例如，歌德和赫尔德都强调以个人的方式实现价值："有一定的方式成为一个人，那就是我的(my)方式，"此外，"对自我保持真诚意味着对我自己的独创性保持真实，唯独我才能阐述清楚和发现自我的独创性"[13]。

回到萨特，他与施韦泽之间还存在其他不同的差异和相似之处。关于他们的差异之处，施韦泽以自然为中心的精神性观念与他对超自然所持有的和温和的不可知论，这些与萨特对宗教的敌视态度形成鲜明对比。[14]萨特在第二次世界大战的绝望氛围中形成了自己的观点，而施韦泽的伦理学有着乐观主义的意愿和希望，虽然未必有着乐观主义的信念。[15]关于他们的相似之处，施韦泽的基本想法和萨特的存在主义同样根植于我们的生活经验，而不是抽象的规则。此外，施韦泽对道德动机的关注与萨特对承诺的关注是一致的。他们都没有从宗教教条中寻求意义。他们也都强调个人主义和道德的个人维度。

对自我保存忠实：充分而均衡的发展

忠于自我——对自己保持真实——包含了对自我实现的承诺，对我们运用"最广阔的自由，包括物质和精神上的自由"从而达到能力上的"最完满发展"的承诺。[16]对自我实现的追求不能用自恋或自我放纵的方式，而应该把我们的生活与善的观念联系起来——包括道德意义上的善和非道德的善，例如，在艺术和科学活动中发现的善。自我实现意味着以充分而均衡的方式，在机会允许的情况下，围绕自我完整性这一中心，尽可能发展我们最深层次的利益和才能，这样做才能创造一个具有充分能力的自我，他/她有能力根据爱的计划作出独创性的道德承诺。[17]伦理学是个人的：道德活力来自个人对爱的强烈承诺，而这个承诺不能要求其他人也这样做。 我们每个人在生命中都有一个独特的道德目标，即对赋予我们生命意义的具体个人和活动抱有"特殊的爱"。[18]我们可以通过工作去追求这项道德目标以及实现它的多种方式，例如，通过创办提供工作岗位的公司，投身到慈善活动、家庭生活或其他任何追求。[19]当人们追求施韦泽所建议的最能够服务他人的奉献活动，他也极力勉励他们在服务他人的同时，找到个人自我实现的道路。[20]

　　施韦泽本人的生活就是一个围绕特殊的爱的计划，充分而均衡发展自己的能力的卓越典范。 在他 90 年的人生中(1875—1965)，他作为哲学家、医生、慈善家、和平主义活动家、神学家、牧师、音乐演奏家和音乐理论家，都达到了极高的成就。 他在 8 岁时就提出了一些早熟的问题：为什么东方三贤的礼物没有让耶稣变得富足？ 一场持续 40 多天的大雨是怎样像诺亚方舟故事所说的让整个地球洪水滔滔？[21]他对这些问题的推论让他对宗教教条非常抵触，也让他从孩童时代开始就保持了完整的宗教兴趣。[22]他成年后花了十几年投身到智性学习中，同时学习音乐，也作为一位牧师服务社区。 他获得了哲学博士学位，第二个博士学位是在神学领域。 他在 31 岁时出版了其影响力最大的一本著作，即《寻找历史上的耶稣》(*The Quest of*

47

the Historical Jesus），这本书在 19 世纪的神学学术圈里得到了广泛而无偏见的阅读，并因其推翻圣经文本主义而引发一股国际轰动。 当时，他正准备为成为一名丛林医生而开始为期 3 年的医学预科学习，随后开始 4 年医学院的学习生活。 与此同时，他教授神学和弹奏风琴，从中赚取生活所需。 他在兰巴雷内 50 多年的服务生涯中，建造了两座医院，每一座都由多栋建筑构成，并通过开办讲座和风琴演奏会为医院的运作筹募资金。 这两座医院为成千上万的病人提供了医疗护理，他的奉献也激发了其他医疗专家参与到他的服务行列中，或创立他们自己的医院。 施韦泽在 1952 年获得诺贝尔和平奖后，成为了主张削减核武器的积极活动家。

过了丰富的一生，并不必然意味着度过了充实而和谐的一生。充实（*Fullness*）和均衡（*balance*）就像自我发展（*self-development*）和自我实现（*self-realization*）一样，属于规范性用语，包含了对重要事物的恰当重视，并在某种程度上促进成长和统一感值得欲求的方式。然而，充分而均衡的发展是否包含最大程度的、前后一致的多样性？刘易斯·芒福德(Lewis Mumford)按照这种理解方式，称赞施韦泽是生活艺术的天才，他在"包含最丰富多样的统一性"中保持"动态均衡"。[23]对芒福德来说，丰富的多样性是个人成长的手段，而不是目标，尤其在个人所拥有的资源难以应对突发情况时。 他赞赏施韦泽，因为

> 他慎重地降低任何一个领域的训练强度，目的是为了扩展他整个生命的整体内容和意义。[24]

有必要限定芒福德的观察结论。 施韦泽很少限制他基本兴趣的发展。 确实，他在 21 岁时决心在 30 岁之前专注发展他的兴趣，到了

那时，他可以全职从事慈善服务。不过，这个决定是施韦泽强调服务的生活计划的一部分，在他开始投身服务生活之前，他就已经萌生离开学术圈的强烈意愿。此外，毫不意外的是，他选择的服务方式为他在科学和医学上提供了进一步的研究机会。总之，施韦泽倾向于同时追求不同的兴趣，并且保持它们之间的协调一致。进一步而言，虽然施韦泽认同均衡的自我发展有助于提升我们的才智和创造性，这些是体现自我实现不可或缺的部分，但不是达到自我实现的工具。[25]

相比丰富性，卓越更为重要，它通常要求人们把精力集中在少数几个领域。同时，卓越也要求我们通过追求"综合性的"目标，从而发展多方面的"官能"，这些目标需要个人运用各方面的能力。因此，施韦泽称赞那些用自己的才智、想象力和技艺做交易的工匠，他们与大多数工厂里的工人不同，后者局限在一个专门化领域里。[26]　48
以下这些例子表明了才能的充分表达需要专注在一个多层面的追求目标上。爱因斯坦痴迷于物理学非常好，虽然这要求他放弃成为一个平庸的小提琴手的追求。虽然查尔斯·达尔文后悔放下了他的诗歌兴趣，但他对生物学的深远贡献远不止弥补了他成为一个诗人的遗憾。[27]施韦泽鼓舞人们努力在所有有助于达到自我实现和社会进步的领域追求卓越，这些领域包括科学探索、艺术创作、人文学科、公司经营、体育运动和慈善活动。在所有这些领域，道德和非道德的善交织在一起。

在追求自我实现的路上，我们的选择应当被最有价值的抑或我们最在乎的事物指引吗？这些事物能够最强烈地激发我们的动机。这些事物可以有所不同：价值程度和动机强度不尽相同。有时我们事实上欲求的并不是值得欲求的，而值得欲求的事物未能激发我们的动机，不管这个动机是否出于冷漠、胆怯、贪欲、贪念或其他构成竞争性的兴趣。[28]更为重要的是，我们经常更在乎值得欲求的活动和关系，但从中产生的总体善可能少于其他活动和关系。 例如，对我们而言，我们的家庭和本地共同体比国际共同体具有更重要的意义，但我们把自己的资源捐给其他国家的贫困家庭，就会产生更多的总体善。 我们应该既要考虑全局，也要考虑局部，但在一个道德完整性的基础上，我们最深刻在乎的事物合理地塑造了我们爱的个人承诺。

再往前推进，具有最大价值和我们最强烈在乎的事物之间的对比形成了自我实现的不同观念。 阿兰·格瓦兹（Alan Gewirth）称为能力实现和愿望实现。[29]能力实现在于发展我们最大的潜力，正如根据客观价值所评价的。 愿望实现在于满足我们最深层和最强烈的欲望，那些我们最在乎的事物。 鉴于我们每一个人面临自我发展的不同方面，那么，什么是要得到实现的"自我"呢？

对施韦泽来说，自我的特征由道德卓越所塑造，这与敬畏生命的核心价值一致。 自我同时也是我们可以肯定和喜爱的，以这种方式产生乐观主义和自我肯定。[30]对施韦泽而言，卓越和动机都同样重要，即能力实现和愿望实现同样重要。 我们的任务是去保持伦理、卓越和幸福的影响力。 即便如此，通常存在一个更值得欲求的自我，它由我们的才能、机遇和敬畏生命的价值所构成。 我们在多个可能的自我中选择成为其中一个，需要自我诚实和道德完整性。 这跟其他方面一样，本真性在塑造我们的生活中起到至关重要的作用。

完整性：我的生活即我的论证

"我的生活即我的论证，"施韦泽告诉我们，并对我们每个人提出一个挑战：去过这样一个能够被类似的宣言所辩护的生活。 这个

观念来自他对言行一致的承诺。[31]如果一个人因为自我放纵或虚伪
而违背他的根本信念，没有任何可与其代价相提并论的物质性回
报。[32]完整性也意味着欣赏我们良善的内在本性，它能够转化为实
践承诺和个人爱的计划。[33]但除了保持个人完整性，有一点不清楚
的是，一种生活如何可以成为一项论证。 生活建立能够据此生活的
观念和价值，也塑造有能力按照这些观念和价值而生活的独特个体。
但是，在确立真理或辩护价值这个意义上，一种生活如何可以成为一
项论证呢？

　　诺曼·库辛(Norman Cousins)问施韦泽，他对前往非洲是否感到
快乐，施韦泽的回答就成为他关于生活即论证最为知名的论述。[34]
他答复道，他非常快乐，部分是因为在非洲的生活让他提出了敬畏生
命的观念，部分是因为在非洲的生活令他的生活成为了他的论证。
当然，相关论证不是为了辩护敬畏生命，因为这个观念迟后才形成。
相反，去非洲之前，他就已经发表了一个支持他观点的论证。 他早
年持有这些备受争议的宗教和神学观点，例如，他对超自然的神持有
不可知论，他认为耶稣有一个错误的(经验意义的)信念，即这个世界
在他在世之年就会终结。 施韦泽的宗教信念令他面临一个困境：讲
授他所相信的，这会在传统信徒团体中引起"痛苦的争论"，包括他
的家人(他的父亲是一位路德教会牧师)；或讲授他不相信的，这对他
自己而言是不诚实的。 施韦泽拒绝这两个选择，转而选择前往兰巴
雷内，通过直接的服务活动把他的伦理信念贯彻在实践之中：

　　　　我倡导我坚信的信念，这些信念来自我的生活和我的
　　行动。[35]

在这个语境下，论证一个信念就意味着倡导这个信念。 在为一个信

49

念或一个价值提供理由这个意义上，倡导与辩护不同。 一个人所倡导的信念可能部分或全部是错误的，没有得到正当辩护。 我们的生活和行动展现的是我们事实上相信的，而不是正确的信念或价值；是我们事实上所在乎的，而不是值得在乎的；是激发我们行动的最强烈动机，而不是应当激发我们的动机。 不管体现在行动还是言辞中，价值对论证（推理）的评价仍然是开放的。

然而，或许倡导只是以有限的方式与辩护直接相关。 为一种伦理视角辩护，包括表明它能够激发在心理意义上现实的道德承诺。此外，生活可以提供教导、警示、指南和启示，厘清和表明将观念和理想转变成行动的方式。 它可以展现新的可能性，表明什么是现实可行的，什么是不切实际的。 它也可以揭示追求善好或有害理想的后果，展现过一种奉献生活的平和与愉悦。 施韦泽的生活囊括了所有这些事物，因此，他的生活阐明了源于生活的倡导如何与对生活的辩护关联。

基于类似的理由，一种生活如果由一个思想家的错误观念和扭曲价值所引导，由此表明是有害的，那我们就有理由拒绝过这样的生活。 可以肯定的是，没有人能够完全达到他们的理想，包括施韦泽在内。 他给他的家人带来了沉重的负担，他离开了他的妻子，没有履行抚养女儿的责任，在这个方面他是一个不称职的父亲。 他参与一个殖民主义体制的活动，在如何管理医院上他是一个权威主义者。看到施韦泽生活中这些显而易见的局限，可以帮助我们明确他个人观念中的问题，并将其与敬畏生命的整体方向区分开来。 简而言之，生活与评价一个道德视角相关，尽管这个评价并非完全是直接的。

我们应该注意到，相对施韦泽精彩的一生，他的著述似乎显得有些黯然失色，尤其是他的哲学著作。 芒福德基本上没有考虑施韦泽的哲学思想，他告诉我们，施韦泽的生活要比他的哲学展现出更多洞

50

见。[36]甚至作为施韦泽传记的最出色作者，詹姆斯·布莱贝岑也认为《文化哲学》是一本可读可不读的书，因为"对理论的实验检验不能在书本里找到，而是在他的余生中找到"[37]。 施韦泽可能不同意这个看法。 当被问及他的信念，他回复道："读读我的书！"——他在书里最详尽阐明了他的观点。[38]施韦泽看重生活和思想的统一，从未厚此薄彼。

自我实现相对伪善

约翰·杜威告诫我们要警惕"精神唯我主义"，它指的是"个体过分专注他们的性格状态，过分在乎他们动机和灵魂之善的纯洁性"。[39]这样的唯我主义可能导致最具"腐蚀性的非人性"和自私，或对所处的环境产生"病态不满"，"徒劳地退到内心世界"。 施韦泽同样提醒道，

> 在我们每一个人当中，都有一个演员陪伴我们经历生活，他渴望扮演好角色……他想要演好的最讨人喜欢的角色就是一个慷慨大方的人。[40]

我们想要在自己面前或他人面前表现慷慨大方或品格高尚，这一欲望很容易会走向极端，把服务他人的行为变成自我陶醉。

尽管如此，施韦泽还是被批评他的生活和思想具有精神唯我主义倾向。 很少有人质疑他的善行，但最严厉的批评者将他的行为解释为明显的自以为是，他沉浸于自己的个性和善行中，而不是对其他人真正的关心。 托妮·莫利森(Toni Morrison)的小说中有一个人物说

道，施韦泽"并不关心非洲人的事情。 他们就算是老鼠也无妨。 他把非洲当作实验室考验他自己"[41]。 这样的断言是不公正的。 施韦泽不是一个完人，但他对帮助过的人的关心是真实而深刻的。

更令人忧虑的是这个指责，施韦泽自我实现的伦理会导致伪善。连支持施韦泽的一位学者，亨利·克拉克（Henry Clark）也提醒道，施韦泽自我完善的伦理思想很容易扭曲个人行为：

> 令人遗憾的是，一个人的品格和愿景在范围上受到很大限制，如果他过度沉溺于自己的"自我完善"，就会分散他的注意力，忽视自己所帮助的同胞们的需求。[42]

克拉克接着富有洞见地说道，"真正的伦理必须是目标导向的（*goal-directed*）"，

> 我们首先要考虑的目标必须是帮助陷于困境的贫苦邻居，而不是考虑帮助邻居会给有机会帮助他们的撒马利亚人带来什么后果。[43]

施韦泽文本中尤其有一段话，看起来为克拉克的批评提供了一个基础。 施韦泽提到传统伦理学规劝我们出于利他主义而宽容和帮助他人（同情、关怀），但敬畏生命禁止我们出于自我完善的动机而这样做：

> 我不是出于对别人的善意而变得温柔、平和、忍耐和友好，而是通过这些行为，我表明了自己最深刻的自我实现。[44]

施韦泽的意思是指仁慈和同情不应该是这些行动的唯一动机，对自己

保持真诚也应当发挥作用，这个解释可以帮助我们更好地理解他的意思。 最需要强调的一点是，施韦泽不是说对他人的仁慈、同情和直接的关怀是不重要的。

这段文本首先关注的是"忍耐和原谅"，而不是所有利他主义行 为。[45]忍耐和原谅包含对他人行动的消极判断，例如，我们决定是否责备或原谅他人。 把我们自己看得比别人高人一等，尤其容易产生失去真诚并扭曲权力的风险。 确实，在同样的文本里，施韦泽告诫我们不要因以他人为代价而感到"甜蜜的胜利"。 他提醒我们不要产生自以为高人一等的态度，这样会羞辱我们要原谅的人。 原谅的精神在于我们意识到自己的生活是布满瑕疵的，意识到我们时常把自己犯下的罪过推诿给别人。 没有这种意识的话，原谅只会让我们拔高自己，羞辱别人。 按照这种理解，对自己保持真诚和忠实可以帮助我们修改真正关心他人的方式。 这段文本绝非提倡精神唯我主义，而是提醒我们拒绝这种倾向。

这段文本也表明，施韦泽是在暗示，从自我完善到帮助他人有一个平滑的（"难以觉察的"）过渡过程。 施韦泽的著作绝非将利他主义归于自我完善，而是推出这个结论：对自己和他人生命的敬畏是相互贯通的。 关心他人和关心自己的个人完整性，这两者能够相互增强动机。 作为行动的指导，它们都指向了相似的方向。

因此，"对自己真诚的伦理微妙地转变成对他人的奉献伦理"，由此一来，对自己生命的敬畏和对他人生命的敬畏就"相互贯通"。[46]促成这个转变发生的一个途径是在个人爱的计划中理性发展直觉的同情心。 我们自然却有限的同理心、同情、怜悯、感恩和纯净的善意这些情感。 同时，就算是这些直觉的情感、态度和爱的美德也与自我完善联系在一起。 我们所深爱的事物和人塑造了我们是谁。 按照这种方式，爱和对他人的关怀"不是自我的投降，而是

51

79

自我扩展的体现"[47]。 在不包含自我的意义上，爱绝不是无我的（selfless）。 只有当爱没有被自私自利的不恰当因素所扭曲，爱才是无我的，而识别这些因素需要根据具体情景作出细致入微的价值判断。

最后，施韦泽同意伦理学应该是目标导向的，在其中目标是用来激发道德理想和支持其他生命，他还关注伪善的傲慢态度，认为这种态度让我们忽视对同胞需求的关心。 此外，敬畏生命坚持把自我实现和对其他人的真正关心联系在一起，敬畏生命不是只规定义务的形式伦理学，而是爱的伦理学，关怀动机才是最重要的。 他详细论述了自我完善和自我奉献如何在道德指南和动机两个方面联系起来。[48]

总而言之，本真性在许多方面与对他人的关怀结合在一起。 至于忍耐和原谅，回想一下我们犯下的过错，有助于我们形成更慷慨的善良意愿去原谅和控制过度的责任。 至于同情和感恩，我们对他人的直接关怀伴随这样一个意识，即意识到他人的福祉和我们的福祉之间存在普遍的联系。 本真性意味着我们非常需要其他生命，对自己保持真诚则意味着肯定我们与其他生命的同胞关系。

---

52   **注 释**

[1] Albert Schweitzer, *Out of My Life and Thought*, trans. Antje Bultmann Lemke (Baltimore, MD: Johns Hopkins University Press, 1998), p.227.

[2] Albert Schweitzer, *A Place for Revelation*, trans. David Larrimore Holland(New York: Irvington, 1993), p.35.

[3] Albert Schweitzer, "The Ethics of Reverence for Life", *Christendom*, 1(1936): 230; Schweitzer, *Out of My Life and Thought*, pp.223—228.

[4] 施韦泽的伯父是萨特的外祖父。

[5] 比较 Robert N.Bellah et al., *Habits of the Heart*(Berkeley, CA: University of California Press, 1985).

[6] Jean-Paul Sartre, *Being and Nothingness*, trans. Hazel E.Barnes(New York: Washington Square Press, 1966), p.76.

[7] Albert Schweitzer, *Philosophy of Civilization*, trans. C.T. Campion(Amherst, NY: Prometheus Books, 1987), p.79.

[8] Schweitzer, *A Place for Revelation*, p.42.

[9] Schweitzer, *Philosophy of Civilization*, p.62.

[10] 同上, p.184; Schweitzer, *Out of My Life and Thought*, p.227.

[11] Charles Taylor, *The Ethics of Authenticity*(Cambridge, MA: Harvard University

Press，1992），pp.37，55—69.与施韦泽一样，Taylor 对宗教有强烈的兴趣，参见 *Varieties of Religion Today*：*William James Revisited*（Cambridge，MA：Harvard University Press，2002）。

[12] Taylor，*The Ethics of Authenticity*，p.74.

[13] Ibid.，pp.28—29.

[14] Albert Schweitzer，*Letters*，1905—1965，trans. Joachim Neugroschel, ed. Hans Walter Bahr(New York：Macmillan，1992)，p.266.

[15] Schweitzer，*Out of My Life and Thought*，p.242. 萨特与施韦泽的另外一个不同在于，施韦泽主要用机会的匮乏来解释本真性的匮乏，而机会的匮乏是由社会经济的影响而造成的(Schweitzer，*Philosophy of Civilization*，p.20)；萨特(在他发展存在主义的阶段)把本真性的匮乏归于个人的怯懦。 Jean-Paul Sartre，"Existentialism Isa Humanism"，in Walter Kaufmann(ed.)，*Existentialism from Dostoevsky to Sartre*(New York：New American Library，1975)，p.366.在个人的层面上，施韦泽对萨特贬损家族成员的描述感到非常震惊，尤其是萨特的外祖父是施韦泽深深敬重的人。 Schweitzer，*Letters*，1905—1965，p.357；以及 Sartre，*The Words*，trans. Bernard Frechtman (Greenwich，CT：Fawcett，1964).

[16] Schweitzer，*Philosophy of Civilization*，pp.334—335.施韦泽可能会固执地拒绝 Susan Wolf 对道德完善论的论述，认为 Wolf 将道德完善论局限在自我牺牲或以更广泛的自我发展为代价的良心上，参见 Susan Wolf，"Moral Saints"，*The Journal of Philosophy*，79：8(August 1982)：419—439。

[17] Schweitzer，*Philosophy of Civilization*，pp.13，334.

[18] Ibid.，pp.50，139—141.

[19] Ibid.，p.320.

[20] Schweitzer，*Out of My Life and Thought*，p.88.

[21] Albert Schweitzer，*Memoirs of Childhood and Youth*，trans. Kurt Bergel and Alice R.Bergel(Syracuse，NY：Syracuse University Press，1997)，p.21.

[22] Ibid.，p.53.

[23] Lewis Mumford，*The Conduct of Life*(New York：Harcourt Brace Jovanovich，1970)，p. 180.

[24] Ibid.，p.209，斜体删除。

[25] Schweitzer，*Philosophy of Civilization*，p.13.

[26] Ibid.

[27] 关于一个反对观点，参见 Thomas Hurka，*Perfectionism*(New York：Oxford University Press，1993)，pp.95—96。

[28] 这就是为什么"苏格拉底悖论"——认识善就是践行善——确实是一个悖论。

[29] Alan Gewirth，*Self-Fulfillment*(Princeton，NJ：Princeton University Press，1998)，pp.13—14.

[30] Schweitzer，*Philosophy of Civilization*，pp.206，278.关于关怀在联系值得欲求的自爱形式上的重要性，参见 Harry G.Frankfurt，*The Reasons of Love*(Princeton，NJ：Princeton University Press，2004)，pp.71—100。

[31] Albert Schweitzer，*Goethe*：*Five Studies*，trans. Charles R.Joy(Boston，MA：Beacon Press)，p.143.

[32] Schweitzer，*Philosophy of Civilization*，p.314.

[33] Schweitzer，*Goethe*：*Five Studies*，p.50.

[34] Norman Cousins，*Albert Schweitzer's Mission*(New York：W.W. Norton，1985)，p.125.比较 Edgar Berman，*In Africa With Schweitzer*(New York：Harper and Row，1989)，pp.38，106。

[35] Cousins，*Albert Schweitzer's Mission*，p.125.

[36] Mumford，*The Conduct of Life*，p.207.

[37] James Brabazon，*Albert Schweitzer*：*A Biography*，2nd edn(Syracuse，NY：Syracuse University Press，2000)，p.276.

[38] Henry Clark，*The Ethical Mysticism of Albert Schweitzer*(Boston，MA：Beacon Press，1962)，p.vii.

53

［39］John Dewey, *Human Nature and Conduct*（New York：Modern Library, 1957 [1922]）, pp.8—9.

［40］Schweitzer, *A Place for Revelation*, p.42.

［41］Toni Morrison, *Song of Solomon*（New York：New American Library, 1977）, p.157.

［42］Henry Clark, *The Ethical Mysticism of Albert Schweitzer*, p.131.

［43］Ibid.

［44］Schweitzer, *Philosophy of Civilization*, p.315.

［45］Ibid., p.314.

［46］Ibid.

［47］Ibid., p.255.

［48］Ibid., p.164.

第6章　同情：痛苦共同体

我从未试过从痛苦共同体中退隐回自身。对我来说，我们理所当然应该共同承担这个世界上的所有痛苦负担。[1]

痛苦在施韦泽的一生中蒙上了一层阴影。[2]痛苦塑造了施韦泽的生活计划，尤其影响了他下定决心成为一名医生，为只有"巫医"的非洲人提供医疗服务。[3]痛苦也塑造他的道德哲学。同情被理解为对痛苦的主动关心，处于他的伦理神秘主义的核心——就算仅仅帮助一个生命，我们也能体验到与所有生命结为一体的统一感。同情促进另外两个观念形成：存在于人类社会的"承受痛苦的同伴"，以及同时存在于人类生命和非人类生命之中的"痛苦共同体"[4]。当施韦泽的脑海里首次浮现"敬畏生命"这一短语，他想的不是对他影响深远的耶稣或歌德，而是佛陀，"怜悯伦理学的开创者"[5]。

一位医生的同感心

施韦泽对同感在哲学上的强调源于影响了他整个童年时代的道德

之路："禁止杀生和酷刑的戒律"[6]。 在《青少年时代的回忆》这篇文章中，他回忆了许多偶然事件，这些事件体现了他早年对动物受苦的敏感性。[7]他小时候见过一匹老马一边被鞭打一边被拖去屠宰场，之后几个星期里他都为这件事而郁郁不安。 他曾经为两次残忍鞭打一条狗而感到非常震惊和羞耻。 他放弃了钓鱼，就是因为不忍心看到虫子被用作鱼饵，更不用说把鱼钓上来了。 有一次就在他和一位朋友用弹弓驱赶一群鸟，当时教堂钟声响起了，以后他就给教堂钟声赋予了精神性意义。

施韦泽成为医生之后，同情感仍然贯穿了他的事业生涯，与他共事的人讲了三个这样的例子。 第一个例子来自埃德加·伯曼（Edgar Berman），他是一位外科医生，在 20 世纪 60 年代来到兰巴雷内提供医疗服务。[8]他回忆起有一位大约 70 来岁的老人来到医院，恳求医生帮助他的"老朋友"，一条意外中枪的狗。 村民告诉他，只有施韦泽才能医治伤口这么严重的动物，这个老人就在湍流中划了两天小船来到医院。 施韦泽马上命令准备一间手术室。 但他的工作人员拒绝他们手术计划（尽管不是紧急的）之外的安排，施韦泽大发雷霆。 马上重新调整手术的优先顺序，但这只狗在手术前就死了。 施韦泽难过地弯下腰安慰那位哭泣的老人，说他们已经尽力了，并对他对自己的狗同伴的爱表示尊敬。 施韦泽回到手术室想监督一下如何埋葬这条狗，他才得知这条狗的尸体已经被扔在垃圾堆了。 他又一次暴怒起来，冲一位年轻医生和他的助手怒吼，指责他们没有尊重这位老人和他的狗。 根据伯曼的叙述，施韦泽的行为完全符合他的性格，伯曼还见证了许多施韦泽同情病人和受伤动物的类似情景。

第二个例子来自儿科医师露易丝·吉莱克·吉奥尔（Louise Jilek-Aall），她回忆道，非洲病人把同情他们部落之外的人看作是软弱的象征。[9]仇外情绪让他们很难在医院里近距离照顾来自对立部落的成员。 除此之外，非洲人认为照顾一个垂死的病人是愚蠢的行为，他们相信这样做会削弱医治者的力量。 吉莱克·吉奥尔回忆起一次与古斯塔夫的对话，他是一位在兰巴雷内医院长期工作的非洲老人。多年来，他为施韦泽关心所有病人感到很困惑，也为他关于普遍同情的布道内容感到不解，因为照顾其他部落的人与非洲人的习俗极为矛盾。 由于担心有不幸的事情发生，而医院里能用的灯很少，他就向施韦泽走近一点，结果看到他抬起一个病人的头给他喂水。 这位病人已经到了昏睡病末期，当地巫医不想让病死的人破坏他们的名声，都不愿治疗他。 古斯塔夫看到施韦泽脸上露出"悲伤的神情"，在那一瞬间，他终于明白了同情的涵义。

　　第三个例子是关于精神疾病，这是施韦泽极为感兴趣的一个主题。 他的医学博士论文《关于耶稣精神病学的评定》探究并拒绝了这个观点：耶稣的精神状况是不稳定的，因为他出现了病理性的幻视，还有被害妄想症和病理性夸大狂。[10]在兰巴雷内，施韦泽调整了他的医疗实践活动，以适应巫医的"补充性疗法"，一方面是为了与当地人维持良好关系，同时也为了尊重他们影响病人状态的心理力量。 基于对精神病学的最初理解，施韦泽尽力去帮助精神错乱的病人，不这样做的话，他们在自己的部落里就会受到不人道的对待。[11]

　　有这么一位"无名嬷嬷"（"没有名字"）的病人，她是一个 50 多岁的俾格米人。[12]施韦泽和她的关系很融洽，他们用一种简单的手语交流。 她除了患有严重的肺结核和梅毒，还有可能患有精神错乱。 无论什么时候她来到医院，通常一周或一个月一次，施韦泽都允许她可以衣装不整地在医院里走来走去。 作为回报，她帮助其他病人照看孩子或做饭。 病人们都接纳了她，就算她不是他们部落的成员。 施韦泽对此表示关注和兴趣，认为她可以传授独立、大度和超越部落等这些品质。

施韦泽的生活和思想激发了其他许多医疗护理专业人士投身到富有爱心的服务行列中。[13]其中一些人在世界贫困地区创办了他们自己的医院和诊所。另一些人在这个医疗行业日渐商业化的时代，效法他富有爱心的医疗服务的理想。确实，施韦泽因医院里存在的不合格的卫生状况和缺乏公共健康设备而受到批评，有些批评是合理的。不过，他允许家属陪伴和安慰病人，保留他们部落的传统，这些创新性的"因地相宜的医疗方式"为他赢得很多赞誉。

这三个例子说明了同情这种情感如何不能被压缩为简单的规则。"对痛苦富有关怀的回应"这个一般陈述与其说是一个规则，不如说表达了我们应当向往的理想。这个理想包括了积极参加减少和防止痛苦发生的行动，并与多愁善感的情绪形成对比。然而，我们必须按照对情景的敏锐观察而理解这个理想的确切要求，包括理解受苦者所处的环境，我们减轻痛苦的资源和爱的计划。此外，作为一个道德理想，同情可以在更广阔的精神框架内得到理解，下文将讨论这一点。

承受苦难的同伴关系

在提高人类团结上，同情对提升人类团结的作用体现在与承受痛苦的人结成同伴关系：

> 那些经历身体创伤和巨大苦楚的人们，知道这些痛苦意味着什么，他们在全世界属于彼此；他们通过秘密的纽带结合在一起。[14]

同伴关系以身体的痛苦为焦点，但倾向于扩展到把心理疾病带来的精神痛苦也包括在内。通过扩展，同伴关系反映了从施韦泽童年时代开始就起到支配作用的两种"体验"：同情和感恩。这两类情感共同塑造了施韦泽的生活和思想。[15]

施韦泽在第一次世界大战时作为敌国侨民（德国人）在法国被投入监狱，他在这段时间里罹患重疾，其间形成了同伴关系这个观念。[16]施韦泽《在原始丛林的边缘》的末尾提出这个观念。文中在开头论证西方社会有义务帮助生活在贫苦地区的人们，从中蕴含了对同伴关系的讨论。西方社会对贫困地区的援助义务，其中一个理由是为了殖民主义造成的伤害而赎罪——赎罪是对伤害进行补偿的世俗正义在精神上的对应。他接着问道，谁能够提供必要的援助，直到这项义务被世人所熟知。他对此回应道，援助的提供者是那些曾经受到深刻伤害，后来得到医治者救助的个人。他们之间的相互扶持将他们带向离他们近在咫尺而又非常遥远的苦难，正是痛苦的印记将我们与所有受苦的人联合在一起。

由受苦的个人结成的同伴关系不是旨在令人沉溺于不健康的痛苦状态。施韦泽呼吁积极的关怀，他还反对将同情贬低为多愁善感。积极的关怀增强了我们对生命脆弱性的意识与对生命偶然性的顺从。不过，积极关怀也让我们更加重视生命中重要之物，促使我们产生寻求道德和精神共同体的意识。

受施韦泽的启发，阿瑟·W.弗兰克（Arthur W. Frank）在《受伤的讲述者》（*The Wounded Storyteller*）中阐述了这些主题。[17]他同意当我们受伤并得到其他人的救助，会培养我们身上的共情能力，把我们引向互惠帮助的共同体。他接着探讨个人痛苦体验和对他人的关怀在"病痛叙述"中表达出来的三种方式：我曾经是健康的，但现在病了，不过很快我就会恢复健康。没有人可以控制疾病，在这个意

58

义上，对病痛的混乱叙述往往集中在徒劳无益的琐事上，而非信仰。寻找对病痛的叙述能够与承受痛苦的同伴最直接联系在一起。 寻找的过程是一段发现与转变的旅程。 在混乱叙述和寻找叙述中，自我作为一个易受伤的、需要他人的存在者而得到接受，我们意识到，自我不具有完全的控制能力，但在重生的叙述中，信仰和希望的力量超出了祈求病情好转的愿望，而扩展为个人成长的可能性。 确实，消除疾病痛苦的希望有时很黯淡，而我们必须学会带着慢性的、逐渐让人变得衰弱的疾病去继续生活。 尽管如此，理想的寻找过程是达到这样一个阶段，在那里我们重新与健康的或受苦的人们共同生活在一起。 我们仍然带有痛苦的印记，但却是以一种激发我们帮助他人的创造性方式。

加强同情心

我们中很多遭到不幸并得到救助的人拒绝相互帮助的责任；我们不想与那些承受痛苦的人构成同伴关系。 更一般来说，我们中大部分人发现，要保持对普遍的精神性同情的乐观信念是非常困难的。施韦泽经常提到这个困难，并讨论许多同情性关怀的障碍，包括自我主义、无望、伪善、礼节和我们害怕帮助他人给自己带来伤害。 他的评论体现了他的关切：通过把自我实现和服务他人融合在一起而增强道德动机。[18]

"无知的利己主义"是对别人遭受痛苦却无动于衷的首要来源。[19]婴儿和孩子天生有着同情别人的能力，但随着我们长大，我们看到为了生存竞争，利己主义和残酷无情就逐渐占上风。[20]自然是适者生存的可怕主宰，对于暴力为什么在人类社会中普遍存在这一问题不存在简单的解释。　虽然我们不能完全理解残忍的现象，我们仍然应该强调，我们需要过的是一种有意义的生活，无论何时我们有能力救助别人，就应当展现我们的同情心。　根据传统宗教的观点，个人的拯救需要带着同情心参与他人的生活。　而根据伦理神秘主义的观点，我们通过同情行为体验与所有生命结为一体的统一感。

　　如果不是冷漠的话，无望是无行动的第二个来源，无望可能表现为"同情虚弱"这个形式，也可能在于我们相信我们的贡献是苦难之大海毫无意义的一小滴水珠。　的确，我们意识到，苦难是不可避免的，我们在自己的生活中还加上"痛苦和死亡的旋律"[21]。　施韦泽提醒我们，精神品格和自我实现处在危机之中，取代同情的是冷酷无情。　此外，我们提供的帮助对那些急需的人非常重要，帮助他人也会为我们带来快乐。　虽然如此，我们每个人都必须努力通过个人爱的计划，在给予和接受之间保持平衡。

　　伪善是冷漠的第三个来源。　我们欺骗自己，认为我们在做能够做的事情，或应该做的事情，然后却对别人的痛苦麻木不仁。　但"良心是魔鬼的发明"[22]。　我们每个人身体里都有一个演员，他乐于扮演宽宏大量的施惠者，但在减少痛苦上所做的却远远少于可能做到的。[23]我们应该抑制这种自命不凡，通过不同方式释放有价值的激情。

　　由社会礼节施加的约束构成了道德冷漠的第四个来源。　在施韦泽写作的年代，这种约束远比现在更显著，社会礼节要求我们尊重个人隐私，而道德冲动促使我们打破这些规范以展现同情和关怀，施韦泽在这两者之间感到深深的被撕裂感。[24]他提醒我们要意识到别人需要我们帮助的情形：一个电车操作员有一天显露与往常不同的悲伤神色；一个老人或残障人士需要别人帮助搬行李；一个邻居失业了。[25]虽然我们一开始对是否提供帮助感到犹豫，但一旦打破社会

59

界限，我们就可以"消除人与人之间的陌生感"[26]。

冷漠的第五个来源与承受痛苦的同伴关系有着特殊相关性：担心我们同情别人，陷入别人的痛苦体验之中，这反过来会增加我们自己的痛苦。作为答复，施韦泽提醒我们，与别人的痛苦隔离出来妨碍了我们从他们的幸福中获得喜悦。[27]喜悦和同情是不可分离的：去爱就意味着去对别人的痛苦和幸福作出回应。[28]

同情不仅仅是苦难的一种形式。从词源学角度考虑，"共同—激情"（com-passion）的意思是"同感"（feeling with），但这并不要求我们与同情对象——人或动物——遭到同样形式和程度的痛苦。诚然，富有同情心的人与受害者感同身受，有时他们感受到的痛苦程度甚至比受害者更深，例如，医生对病人，或父母对严重受伤的儿女。不过通常受害者遭受的痛苦更深。更重要的是，同情绝不能被简化到对痛苦单纯感到难受。同情可以表现为其他不同形式的情感——希望病人康复，看到别人境况好转而感到高兴，对自己有能力救助别人而感到满意，对别人的麻木不仁则感到愤怒（比如伯曼的例子）。作为一种美德，同情是以丰富的情感积极救助他人。富有同情心的人不会仅仅等待苦难的发生，他们会积极行动预防苦难的发生。[29]

对别人慷慨而有益的同情在其目标和适应力上是灵活的，特别是同情不允许我们淹没在他人的痛苦中。因此，外科医生在手术时需要与他的病人保持一个专业距离，护士如果每次帮助病人的时候都和病人一起感到难过，那么他们就不能有效工作。专业距离可以堕落到冷漠无情，但也可以让提供帮助的人以富有同情心的情感参与他人的苦难，而不会被这种情感耗尽。[30]随着施韦泽修改他的观点，他对慈善活动和日常人际关系也提出类似的论述。对于我们参与他人的痛苦，应该设置怎样的合理界限，施韦泽对这个问题或许说得太少。 就像其他道德英雄和圣人一般的人，施韦泽有能力对苦难保持极高的敏感性，但同样的苦难却会淹没我们。 根据施韦泽的记述，他能够适应周遭的苦难情状，做到"只有在极少的时候"才会为"活着感到由衷的高兴"[31]。 我们大多数人不可能以他的方式生活；我们对幸福的需求有更强烈的依赖感，以此处理日常生活的压力。

同情的其他障碍还包括仇恨、嫉妒、忘恩负义和陷于过分狭隘的工作职责。[32]施韦泽呼吁增加同情心，这是对那些已经具有很深程度的道德承诺的人说的，关于这一点的论述已经足够充分。 概括而言，他的论证策略是直接的。 为什么我们应该培育同情心，并在行动中体现出来？ 因为这样做让我们成为心灵深处渴望要成为的那类人——也就是说，成为富有同情心和爱心的人。 这个论证策略不可能对每个人都奏效，对反社会的人来说就更是如此了。 对于已经拥有善良意志的人来说，这个论证才是有效的，它能够引出他们天性中的同理心、同情心、怜悯和自我实现的倾向。 通过这种方式，对善良性格与自我利益这两个方面的诉求被恰当地联系在一起，由此加强说明了利他主义和对自我实现的追求是如何息息相关的。

60

最后，同情通过坚持伦理理想的根本要素而得以保存——这些要素性质单纯，与经验紧密相连，以自然欲望为根基，并回应我们对意义的需要。 敬畏生命作为美德伦理学，强调我们如何通过关怀的方式与其他人建立联系，扩展和丰富我们的个人同一性。[33]随着伦理学强调在人际关系中个人的爱的计划和关怀举动，强调奉献工作和服务观念，我们的道德动机也由此得到提升。 这些计划定义了我们是谁，我们最在乎的是什么。 从道德楷模得到的鼓舞是同情的另一个动力。 对所有生命的敬畏扩展了我们的精神性，也由此为我们提供了道德动力。

意义与痛苦共同体

承受痛苦的同伴关系关注的是人与人之间的关系。同样地，所有受苦的生命也构成了"痛苦共同体"[34]。我们对人类和有感觉的动物都会感到怜悯之情，施韦泽称之为"对每一个生灵的同情"[35]。正如我们在第 2 章所见，诉诸怜悯与同理心和同情感一起，是生命意志论证的关键点，施韦泽使用这个论证，目的是把道德领域扩展到所有痛苦的生命。正如第 4 章所述，痛苦包括所有类型的不幸，而不仅仅指身体上的疼痛。例如，根据痛苦的扩展概念，我们可以理解施韦泽对几乎被丛林所吞没的棕榈树的同情。当然，他对怜悯所有生灵的阐述，其说服力来自可辩护的价值视角，而不是语言上的分析。

施韦泽寻求改变我们的价值视角，使得我们肯定所有生命都具有内在的价值，因此，论述发生在所有形式的生命的不幸和伤害就变得非常自然。同情的美德也得到扩展，以包括我们在恰当的情景、以恰当的方式对不幸感到怜悯的倾向，减轻或防止不幸就由此成为可能。再次，伦理神秘主义让我们在宇宙间感到自在安宁。通过积极关心具体的生命，我们体验到与所有生命结为一体的统一感。

这里存在一个危险，将怜悯和苦难扩展到所有生命有可能削弱痛苦的道德意义。施韦泽对这一点非常清楚，有感觉的动物对我们施加了特别的道德要求。一般而言，相比植物和没有意识活动的动物，施韦泽更加关注有感觉的动物。例如，作为一个外科医生，他理解用动物检验新药效果的需要，但他同时坚持尽可能减轻它们的痛苦。他也恳请我们，不要对虐待供我们食用的动物的行为视若无

61

睹。[36]对于实验对象是植物或无意识动物，施韦泽并没有提出类似的论述。

此外，有感觉的动物对我们提出特别的要求，对我们的人权自由施加了限制。特别是对于那些我们不能再照看的家畜，与其让它们经历缓慢而痛苦的死亡过程，不如仁慈地杀掉它们。[37]再次，一个富有同情心的人会谴责纯粹为了娱乐目的的杀生行为，比如斗牛和狩猎活动，但施韦泽也意识到，为了进食和自卫，杀生有时是必要的。[38]总体而言，不杀动物、不伤害动物的责任属于同情的范围。[39]

在施韦泽的思想中，受苦中的人性一直是最重要的。在施韦泽25 岁时一次早期的布道中，他关注的是关于恶的神学问题：上帝怎么可以允许世界上存在如此深重的苦难？虽然施韦泽在这次布道上使用传统宗教的语言，但它超越了单纯的冗长训诫，并阐明了在他后期思想中发展起来的主题。传统宗教为大部分由上帝施加的苦难，无论是作为考验、惩罚或人类自由的条件，都提供了解释。不幸的是，施韦泽的做法增加了少部分人的痛苦，他们体验到的上帝是一个终极审判者，而不是一个慈爱的父亲。鉴于施韦泽对超自然存在持有不可知论立场，我们最好承认，我们对苦难的终极意义是无知的。于是，耶稣的这句话可以为我们提供怜恤和慰藉："受苦的人有福了，因为他们必得安慰。"[40]这意味着，即使我们不能消除所有痛苦，我们仍然可以用爱的精神安慰（有感觉的）受苦之生命。这种"创造性的痛苦"或迫使我们认识到什么才是最重要的，或将拉近我们与家人朋友的亲密关系，从而深化我们在生命中寻到的意义。

晚年的施韦泽更加强调，我们必须接受痛苦的奥秘。不过施韦泽也认为，这种顺从态度把同情转化成一种将我们与其他生命联系在一起的精神性美德。同情把我们联合在一起，因为它以所有生命的根本特征为目标：对不幸和死亡的脆弱性和易受伤性。一般而言，同情把利他主义和自我关注交织在一起。没有利他主义这个核心，这种情感就不能被称为同情。同时，施韦泽认为，霍布斯的论点包含一个可信之处，他认为同情源自我们痛苦地想象发生在另一个人身上的不幸有可能也落在我们身上。[41]作为一个最强烈的道德情感，同情是对陌生人和动物产生道德动机的强大根源。

亚洲宗教加深了我们将同情理解成精神性美德的观点。耆那教的非暴力主张（ahimsa）——不杀生——对人性的精神历史有着重大的意义，如果不是终极意义的话。在非暴力主张的最初版本中，它是根据个人的自我纯洁，而不是对其他生命产生同情而得到辩护的。[42]不杀生的动机和理由是维持我们自身的纯净无垢，而不是对被夺走生命的生物的同情。结果耆那教转向内心，强调的是避免制造伤害而不是积极救助，因此它缺乏关于爱和救助的积极伦理学。

同情在佛教中处于更核心的位置。佛教四圣谛的第一条就告诉我们，生即苦，这意味着珍重生命就是带着怜悯之心回应它的痛苦。与耆那教徒一样，佛教徒强调避免伤害，而较少以一种改善生命的乐观主义精神重视积极的帮助。只有在佛教发展的后期，积极救助才在大乘佛教那里变得至关重要。[43]总体而言，施韦泽批评印度哲学，因为它转向"否定世界和生命"，持有禁欲主义的立场，不参与改善世界的活动。[44]同时，他也赞美印度哲学，认为它倾向于将所有生命都纳入道德领域。与之相对，耶稣更充分地发展了同情观念，将其作为应对痛苦的积极救助行动。敬畏生命扩大了耶稣对所有生命的爱，把基督教的同情之爱与耆那教和佛教重视一切生命的价值结合了起来。[45]

人们或许注意到，施韦泽对亚洲宗教的讨论加强了上述他的关于同情和痛苦范围的论点。对施韦泽而言，同情的对象，也即让同情反应变得可理解的对象，不仅仅包括身体疼痛和精神痛苦。痛苦被扩展到包括死亡本身、大大小小的挫折，以及其他的不幸，正如施韦泽引用佛陀四圣谛中的"苦谛"，痛苦包括了"生苦、老苦、死苦、怨憎会苦、爱别离苦、求不得苦"[46]。

最后，虽然施韦泽对"印度思想"的概括过于简略，不过他把基督教和亚洲宗教传统沟通起来，其贡献仍然值得赞誉。[47]通过把宗教理解为伦理学，而非世界观或教条，他同时也沟通世俗和精神这两个传统。 对任何一个宗教传统来说，所提出来的最重要的问题——提出问题之前至少已经检查过这个传统是否提出明显错误的主张——是这个宗教传统能否有效地激发负责任的道德行为，

> 它如何产生永久而深远的动机以促成内在人格和伦理行动的完善。[48]

同情是道德动机的首要根源，尤其当我们把同情的范围扩大到除了苦难之外的各种不幸。

总而言之，同情的理想和美德是敬畏生命的核心。 承担痛苦的人们构成了同伴关系，施韦泽用这个观念强调人类统一性，而苦难共同体则被用来表达一个更宽广的观念，它旨在肯定所有生命相似的统一性。 这两个观念都强调生命的脆弱性和易受伤性，不过它们将生命这些特征转变成极富创造力的可能的关怀行动。 正如我们在下文所见，感恩也具有类似的富有创造力的可能性。

注 释

[1] Albert Schweitzer, *Out of My Life and Thought*: *An Autobiography*, trans. Antje Bultmann Lemke(Baltimore, MD: Johns Hopkins Press, 1998), p.242.
[2] Ibid., p.223.
[3] Ibid., p.73.
[4] Ibid., p.242.

〔5〕Albert Schweitzer, *Goethe: Five Studies*, trans. Charles R.Joy(Boston, MA: Beacon Press, 1961), p.18; Albert Schweitzer, *Indian Thought and Its Development*, trans. Mrs Charles E.B. Russell(Gloucester, MA: Peter Smith, 1977), p.102.

〔6〕Albert Schweitzer, *Memoirs of Childhood and Youth*, trans. Kurt Bergel and Alice R. Bergel(Syracuse, NY: Syracuse University Press, 1997), p.39.

〔7〕Ibid., pp.37—40.

〔8〕Edgar Berman, *In Africa with Schweitzer*(New York: Harper and Row, 1986), pp.188—193.

〔9〕Louise Jilek-Aall, *Working With Dr Schweitzer*(Blaine, WA: Hancock House, 1990), pp.137—139.

〔10〕Albert Schweitzer, *The Psychiatric Study of Jesus: Exposition and Criticism*, trans.Charles R. Joy(Gloucester, MA: Peter Smith, 1975).

〔11〕Albert Schweitzer, *The Primeval Forest*, trans. C.T. Campion(New York: Pyramid Books, 1961), p.42.

〔12〕Berman, *In Africa with Schweitzer*, pp.62—66.

〔13〕关于施韦泽致力于成为一名医生，参见 James Brabazon, *Albert Schweitzer: A Biography*, 2nd edn(Syracuse, NY: Syracuse University Press, 2000), p.248; 以及 John A.M. Karefa-Smart, "Albert Schweitzer, Physician", in David C. Miller and James Pouilliard(eds), *The Relevance of Albert Schweitzer at the Dawn of the 21st Century* (Lanham, MD: University Press of America, 1992), pp.57—61。

〔14〕Schweitzer, *The Primeval Forest*, p.128.

〔15〕Schweitzer, *Memoirs of Childhood and Youth*, p.73.

〔16〕Brabazon, *Albert Schweitzer*, p.301.

〔17〕Arthur W. Frank, *The Wounded Storyteller*(Chicago, IL: University of Chicago Press, 1995), pp.35—37, 49—50, 91—92, 118.

〔18〕Albert Schweitzer, *Philosophy of Civilization*, trans. C.T. Campion(Amherst, NY: Prometheus Books, 1987), pp.107, 305.

〔19〕Albert Schweitzer, *A Place for Revelation: Sermons on Reverence for Life*, trans. DavidLarrimore Holland(New York: Irvington, 1993), p.16.

〔20〕比较 Shelley E. Taylor, *The Tending Instinct* (New York: Henry Holt and Company, 2002)。

〔21〕Schweitzer, *A Place for Revelation*, p.18.

〔22〕Schweitzer, *Philosophy of Civilization*, p.318.

〔23〕Schweitzer, *A Place for Revelation*, p.42.

〔24〕Schweitzer, *Memoirs of Childhood and Youth*, p.85.

〔25〕Schweitzer, *A Place for Revelation*, pp.94—110.

〔26〕Ibid., p.104.

〔27〕Ibid., p.20.

〔28〕Ibid.

〔29〕Ibid., p.30.

〔30〕Edmund D.Pellegrino and David C.Thomasma 注意到保持专业距离的重要性，但他们夸大了感同身受的作用，参见 *The Virtues in Medical Practice* (New York: Oxford University Press, 1993), pp.79—81。

〔31〕Schweitzer, *Out of My Life and Thought*, p.242。

〔32〕Schweitzer, *A Place for Revelation*, p.40; Schweitzer, *Philosophy of Civilization*, p.316.

〔33〕Schweitzer, *Philosophy of Civilization*, p.255.

〔34〕Schweitzer, *Out of My Life and Thought*, p.242.

〔35〕Albert Schweitzer, "The Problem of Ethics in the Evolution of Human Thought", in Friends of Albert Schweitzer(eds), *To Dr Albert Schweitzer: A Festschrift Commemorating His 80th Birthday*(New York: Profile Press, 1955), p.137. 比较 Schweitzer, *A Place for Revelation*, p.11; 以及 Albert Schweitzer, *The Teaching of Reverence for Life*, trans. Richard and Clara Winston(New York: Holt, Rinehart and Winston, 1965), p.26。

63

[36] Schweitzer, *Philosophy of Civilization*, pp.318—319.

[37] Schweitzer, *Indian Thought and Its Development*, p.83.

[38] Schweitzer, *A Place for Revelation*, pp.28—29.

[39] Schweitzer, *Indian Thought and Its Development*, p.84.

[40] Schweitzer, *Reverence for Life*, p.17.

[41] Thomas Hobbes, "On Human Nature", in *The English Works of Thomas Hobbes* (London, 1845) Vol IV, ch. 9. 参见 James Rachels, *The Elements of Moral Philosophy*, 4th edn(New York: McGraw-Hill, 2003), pp.66—67。

[42] Schweitzer, *Indian Thought and Its Development*, p.80.

[43] Ibid., pp.103, 123.

[44] Ibid., pp.1—2.

[45] Schweitzer, *Out of My Life and Thought*, p.235.

[46] 关于佛陀的论述, 引自 Schweitzer, *Indian Thought and Its Development*, p.96。

[47] 特别参见 Ara Paul Barsam, "Albert Schweitzer, Jainism, and Reverence for Life", in Marvin Meyer and Kurt Bergel(eds), *Reverence for Life: The Ethics of Albert Schweitzer for the Twenty-First Century* (Syracuse, NY: Syracuse University Press, 2002),pp. 207—245。

[48] Albert Schweitzer, *Christianity and the Religions of the World*, trans. Johanna Powers(New York: George H. Doran, 1923), pp.40—41.

64

第 7 章　感恩：幸运产生义务

> 我绝不接受把幸运当作理所当然的，而必须奉献出应有的回报。[1]

幸运，好运气，出生环境和成长条件等有利的偶然事件——我们可以理所当然地享受这些而无需加诸任何道德涵义吗？ 或者，我们是否应该确定一条幸运原则（*good fortune principle*）：作为对我们幸运的回报，我们有义务帮助别人吗？ 如果是这样的话，帮助谁，以什么方式，帮到什么程度？ 施韦泽论证道，别人对我们点点滴滴的善意在重要方面构成了我们的幸运，从中产生了我们对别人表示感恩的责任。 达到这些责任的要求可以为道德共同体提供支撑，并将我们引向更宽广的精神性关系。

赫伯特·斯皮格尔伯格（Herbert Spiegelberg）是施韦泽的法国阿尔萨斯同乡，他争论道，幸运原则能够根据平等主义的正义理论得到辩护。 这一章首先拒绝斯皮格尔伯格和其他人对施韦泽的解释，然后建构对感恩情感的辩护，接着继续探究施韦泽把感恩作为基本美德的观念，并揭示当代对感恩的相关讨论。 这一章的最后结论注意到感恩需要正义来平衡——具有讽刺意味的是，斯皮格尔伯格错误地将这一价值归到幸运原则。

为幸运原则辩护

施韦泽还是一个大学生的时候就发现，如果他想要追求一种享受相对特权的生活，却没有对其他人的福祉作出贡献，这是不可设想的。他感到为了自己享有的幸运，他"必须付出某些东西作为回报"[2]。在这个绝大多数语境中，"幸运"意味着过得比处于不利地位的人好。[3]这句话的"必须"一语表明奉献是一个道德要求，而不是一个可做可不做的选择。

很显然，在施韦泽的生活和思想中，义务感是一个重要动机，但对幸运的辩护就没有那么明显。斯皮格尔伯格宣称，在"施韦泽的伦理平等主义"中蕴含一个旨在平等分配基本资源的正义观念。[4]部分人享受非常奢侈的条件，而另一部分人却处在极糟糕的不利地位，这是不公正的。消除基于出生和环境条件而造成的"不正当得利"，从"宇宙正义"的角度来看也是不公正的。我们根据幸运原则而行动，主动促进平等而使正义得以恢复。斯皮格尔伯格援引约翰·罗尔斯(John Rawls)的作为公平的正义理论，该理论探索如何抵消偶然的自然优势和劣势对个人带来的不公平影响；实际上，斯皮格尔伯格的早期著作受到罗尔斯的很大影响。[5]正如第 8 章所述，施韦泽的正义观与罗尔斯的正义理论有很多相似之处，但斯皮格尔伯格看起来通过他自己的平等主义伦理学这一透镜而误解了施韦泽的观点。

不存在有力的证据表明正义是幸运原则的基础，更不用说存在证据表明施韦泽持有一个平等主义的正义理论。非常明显的是，斯皮   66

格尔伯格的唯一证据来自施韦泽童年的一件事情，他在孩童时就拒绝穿贵族衣服，因为这让他在非特权阶层的孩子中显得鹤立鸡群。 孩童时代的事件很难被当作令人信服的证据，因为当时的情况不过表明孩子想得到同龄人接受，而不是表明出于正义的动机。[6]此外，施韦泽呼吁享受特别好运气的人对其他人"显示高于平均水平的奉献精神"，而不是根据一个平等主义的标准重新分配他们的财富。[7]他尤其断然拒绝共产主义。

施韦泽确实强调正义在形成救助义务中的作用，但他考虑的是补偿正义而非分配正义。 补偿正义要求我们弥补过去和当下犯下的过错，既作为个人，也作为群体成员。 特别是西方人必须为他们的集体罪行赎罪，包括残忍贩卖非洲黑奴、大规模掠夺土地和资源、传播疾病和酗酒恶习，却没有提供必要的治疗。[8]分配正义关注的是公平分配资源，而补偿正义关注的范围比较狭隘，只是关注内疚感和对伤害进行弥补。 与之相对，幸运原则的核心是福祉，那些我们对此不会产生罪过感的事物。 施韦泽在《在原始丛林的边缘》最后一章突出这个区分。 他用了大量篇幅表明补偿正义要求西方人补偿对非洲人造成的伤害。[9]在一个单独小节中，施韦泽集中阐述适用于痛苦的幸运原则。 受到帮助而免于巨大痛苦的人们，应该为提高人道主义援助贡献自己的力量。 由承担痛苦的人们组成的同伴关系也是互相帮助、彼此关心的伙伴关系，而不是因为给对方带来伤害而心生内疚的共同体。

那么，同情是幸运原则的基础吗？ 不是，理由在于同情是对痛苦和其他不幸充满关怀之心的回应，而幸运原则关注的是享有特权的人有义务提供广泛的救助。 施韦泽时常将同情和幸运原则联系在一起，而不是从其中一个推出另一个。 特别是他区分了他童年时代两种"伟大体验"，它们"逐渐交织在一起"，从而塑造了他的生活和思想：(1)同情——"被我们周围世界的痛苦深深触动"，(2)"对我们是否有资格拥有幸运而备受折磨"。[10]他也表明，承受痛苦的同伴关系要求同样遭受痛苦并得到别人帮助的人同样有义务减轻别人的痛苦。 作为施韦泽人道主义奉献精神的源泉，同情和幸运原则交织在一起，但各自具有独立的道德价值。

宗教是幸运原则的基础吗？ 这里同样存在一个关联：

因为多给谁，就向谁多取。

——《路加福音》，12:48[11]

然而，这段描述了幸运原则，而不对其提供辩护。 大体来说，施韦泽并不诉诸圣经或神的命令的权威。 相反，他在理性中寻求道德和宗教信条的基础——也就是说，在详备而合理的道德推理中寻求幸运原则的基础。

最后，幸运原则是根据敬畏生命的理想而得到辩护吗？ 作为一个整合性理想，敬畏生命的一个关键部分是幸运原则。 此外，当他将幸运原则和敬畏生命联合在一起，在这个语境中，责任的对象是人，不是所有的动物和植物：

67

对于健康、天赋、才能、成就、美好的童年、和谐的家庭关系等方面，你比别人多得到的一切，你不可以把它作为理所当然的东西接受下来，你必须为此付出代价，你必须使自己为生命作出特殊的贡献。[12]

施韦泽认为生命都有价值，但不是从中得出幸运原则，而是一个比喻把这两者沟通起来：

就像潮水不能独自存在一样,它始终是大海的波涛的一部分,我也必须不能为了自己的生命本身而活,而始终应该在我周遭发生的一切经验中生活。[13]

这是施韦泽表达伦理神秘主义的其中一个令人瞩目的隐喻,他直接感到所有生命最终融为一体。通过这个方式,伦理神秘主义构成幸运原则和重视所有生命价值的基石。

为幸运原则提供辩护的并不是正义、同情、神圣诫命或敬畏所有生命的理念。而是感恩为这个原则提供辩护。施韦泽将这个关联表述得很清楚:

不管你比别人得到更多的健康、才能、成功、美好的童年、和谐的家庭环境——所有这些你都不能视为理所当然。你需要对你所得到的幸运怀有感恩之心,你必须牺牲你的部分生命去回报其他生命。[14]

施韦泽顺带提到,他对承受痛苦的同伴关系的讨论作了同样的辩护。对那些已经免于巨大痛苦的人,他评论道,"他们的感恩应该成为礼物的源泉",这些礼物即为国际社会努力改善落后地区的状态而提供必需的基金和设施。[15]斯皮格尔伯格引用施韦泽在一次广播讲话中提到的感恩情感,但他不知何故没有注意到施韦泽这句话:

我们必须不能把出现在我们生命中的幸运视为理所当然去接受,而要通过救助和服务行动作出感恩的牺牲。[16]

随着讨论的展开,我们将会发现施韦泽把感恩作为幸运原则基础的另一个证据。 不过首先让我们马上转向施韦泽的感恩观念，因为这个观念属于幸运原则所规定的互惠行为。

感恩的重要性

我们大部分人都认为感恩是一个相对次要的美德，至少相对正义、同情和真诚而言。 施韦泽戏剧性地提高了它的重要性，使它与本真性和同情共同成为他的伦理观的中心。 感恩是一个基本美德，不仅如此，它还是"存在的一个神秘法则"，顺应这神秘法则能够"实现我们的命运"。[17]与同情一样，感恩是一个基本理想，指引我们在服务他人的活动中达到自我实现。 感恩是神秘的，因为我们依此而生活的话就意味着我们通过互惠的给予和接受的紧密联系而体验到精神性的生命统一感。

施韦泽使用很多比喻去传达这种统一感。 除了海浪的意象和痛苦共同体之外，他还说，我们就像野生植物，在土壤上方看似独立，但在土壤下方却拥有交缠在一起的共同根部。[18]在这个比喻中，根部意味着互惠的给予和接受的关系。 感恩让我们能够感激自己获得幸运的来源，同时让我们支持其他人的道德共同体，让他们感到自己的努力受到感激。 与之相对，忘恩负义破坏了道德共同体，让人们感到自己的奉献受到漠视，由此不愿帮助其他人。[19]

保罗·凯米尼什（Paul Camenisch）是一位与我们时代更接近的思想家，他与施韦泽的观点相似，鼓励我们将感恩理解为"对生活的整体展望"和"整体生活方式的主调或主题"：

以全面的感恩意识而生活的个人或群体将会感到万物相互关

68

联在一起,生活中充满喜悦感,生命也因领受自我之外的人们或自然力量的慷慨大度而变得丰富……我们将会领悟生命中更多的善,这是来自其他主体对我们不受强制的、也非我们应得的慷慨善意。[20]

施韦泽可能会说,正是如此。 如果在这两位思想家之间找出什么不同的话,施韦泽更强调责任,而凯米尼什没有那么重视义务(感激义务)和内疚(由于不懂感恩而产生)的作用。 他相信,感恩不足以让我们直接服从义务的要求,虽然他可能低估了我们可以间接塑造我们的态度,从而形成我们的情感的程度。[21]同时,凯米尼什意识到,我们有义务以恰当方式表达收到礼物的感激之情。 幸运原则可以被认为,感激礼物的义务包含了回赠他人同样的善意。 我的观点与施韦泽和凯米尼什一样,当我提到受惠于他人而产生感恩的义务,我指的不是产生感恩情感的义务,而是互惠奉献的行动责任,这种责任至少部分地由善良意志所激发。

我们亏欠谁,我们帮助谁

我们通常把感恩设想为回报直接帮助过我们的人,包括我们的父母、配偶、朋友或其他人。 施韦泽戏剧性地扩大了我们负有感恩之情的人的范围。 确实,幸运原则看起来适用于所有类型的运气(至少相对处于不利地位的人们),不论其根源是什么。 他甚至有时提到,我们用动物做有利于人类的医学实验,我们对它们——包括自然本身——是欠下感恩的债务的。[22]这里更合理的说法应该是,我们对动物为我们带来的利益有所亏欠,而不是我们对动物和自然本身有所亏欠。 实际上，在施韦泽措辞更谨慎的地方，他写的是与实验动物建立"团结关系"。[23]他清楚地意识到，在一些典型例子中，我们之所以负有感恩的义务，部分原因是出于善良意志的动机。

正如弗莱德·伯格(Fred Berger)注意到，在典型例子中，感恩

> 并不在于回报所得到的利益,而在于对仁慈(*benevolence*)的回应;它是一个对利益(或为我们带来利益的努力)的回应,这是被别人帮助我们的欲望所激发的[24]。

幸运原则与伯格的意思是一致的。 确实，施韦泽经常提醒我们，由于我们接受了其他生命的仁慈或善意，即那些"对你有利的意愿"[25]，我们由此对他们负有感恩之责。 无疑，他最关注由人创造的幸运，这些人之所以帮助我们，是出于关怀的动机，而不是出于完全自私的动机。

随着我们反思其他人出于仁善而为我们带来的利益，我们负有感恩义务的对象范围也由此扩大。 最终，我们生活中获得的所有利益归根结底都来自他人的善意：

> 任何发生在你身上的事情(好运气)都不是纯粹偶然的。一切都可以追溯到对你有利的意愿。[26]

再次，我们都凭借着"在生命的重要时刻人们所给予的恩惠"而活着；我们应该"以感激之情怀念那些点燃我们内心火光的人们"[27]。

考虑一下如下例子。 施韦泽在1918年的布道中提出了一个关于幸运原则的早期陈述，他告诉他的听众，第一次世界大战的幸存者对为了他们而牺牲的士兵是负有感恩之责的。[28]在后来一次布道中，

他也说道，我们有义务感恩教我们发展兴趣、能力、承诺和才智的教师们。[29]我们也有义务感激帮助我们痊愈的医生。更完整地说，手术后康复的病人对她的医生、护士和其他医护人员产生感恩之情，这是很合理的，同时，她也有义务感激使得外科手术成为可能的科学家们。此外，她也应当对出资兴建医院的慈善活动家们和参加手术药物测试的志愿者们负有感恩的义务。

士兵、医生、护士、教师和其他专业人士难道不过是在尽自己的分内职责吗？"不过"一词是被用于逃避感恩的最常见借口。[30]例如，我们对教师不负有任何感恩之情，因为他们不过在尽自己的职责，这种说法遮蔽了教师对学生的关怀动机，贬低了他们的价值。把所有动机都简化为追逐私利，在今天已经成为普遍现象。事实上，它也是（虽然不是唯一的）各个学术领域的主流意识形态，例如，经济学、心理学、政治科学和社会学。施韦泽关于感恩的观点对这种简单化的意识形态提出了一个挑战。[31]

反对施韦泽观点的人就算以利他主义作为辩护，也会有人继续反驳，士兵、慈善活动家、志愿者和其他行业工作者，虽然其工作为我们带来好处，但他们没有任何想要造福我们的特别意图。他们大多数人甚至不认识我们。施韦泽并不考虑这个反驳意见，但我们可以站在他的立场提出一个回复。[32]一些对别人的善良意图，其对象是开放的或不确定的，而不是集中在某些具体的个体身上。它们以这种形式出现："我想帮助别人"或"我想帮助那些我能够为其需求提供服务的人"。只要我们的幸运落入这些意图的对象范围内，感恩就是对我们所受到的恩惠的恰当回应。只要我们接受高于平均水平的好处，我们就担负回报高于平均水平恩惠的责任。

然而，我们应该作出这样一个区分：我们对其奉献负有亏欠感恩责任的个人与我们对其奉献以感激之情回报的个人。直接对所有施惠于我们的人表达感恩几乎是不可能的。[33]我们或许不清楚或不容易发现他们对我们的影响。 或许他们已经不在这个世界上，就像那些士兵和许多慈善家一样，他们对社会实践和社会制度作出了巨大贡献，从而丰富了我们的生活。 或许他们除了一句简单的"谢谢"之外，就不需要我们作出什么回报。 那么，至少在积极回报而不是单纯表达感激之情的意义上，我们如何对他们有所亏欠呢？ 感恩的亏欠看起来似乎受限于我们是否有机会回报具体的施惠者。 正如特伦斯·麦克奈尔(Terrance McConnell)指出，

> 如果一个人已经发展了回报施惠者的品格，在适当的场合给予施惠者利益，并真正满足施惠者的确切需求，那么在这一点上他已经满足了感恩的要求。如果这个适当的场合永远不出现，感恩的要求就不复存在了。[34]

70

施韦泽不同意麦克奈尔的观点，他认为我们应该以连续的互惠活动间接地表达自己的感恩。 曾经有"看不见面孔的施惠者"帮助过我们，我们应该以他们的精神去帮忙需要我们的人。[35]因此，我们对牺牲士兵的亏欠可以这些做法而得到弥补：抚恤士兵的家人，让他们得到合适的照顾；或创造一个更人道的社会。 面向未来的服务与过去的奉献结为一体，这就像我们代表死去的亲人和朋友作出一定的个人牺牲，从而对他们表达尊重和忠诚。

当然，这里存在一个危险，扩大感恩的范围会让我们的关注点偏离我们亏欠最多的人；这种做法也会稀释我们的努力。 我们负有感恩之责的人很多，这可能让少数人耗费过多的时间和资源在服务行动上，而忽视了他们其他更重要的责任。 正如我们所见，施韦泽曾被批评以牺牲自己家庭为代价，把自己的非洲使命放置于家庭责任之

上，忽视了对妻女的日常照顾。不过，施韦泽意识到在感恩债务之中，存在不同层次的优先性，他也清楚我们有必要在不同的责任之间设定优先顺序。他也承认，感恩是一个互惠性质的慷慨美德，而不是一个偿还不尽的债务总额。就像所有美德一样，感恩必须与其他重要美德和责任保持一个平衡。

如何帮助，帮助多少

幸运原则对我们的要求有多少？关于我们可以奉献多少，施韦泽最初考虑制定粗糙的经验法则的可能性。[36]因此，他建议为了有足够资源去帮助其他人，我们需要简化个人的生活方式，放弃奢侈的享受。这样做了之后，余下的资源应该在处于不利地位的人们和我们之间进行平等分配。不过，施韦泽几年后对此作出了更谨慎的表述，他放弃了为奉献寻求一般经验法则。[37]如果(*if*)我们被感恩或敬畏生命的其他道德理想所激发，如何处置自己的财产是出于我们自由的决定。[38]当然，这个危险在于我们对私利的追求会遮蔽我们对服务的付出，而我们需要时刻记住这个危险。尽管如此，根据他的观点，关于美德和理想、感恩和真诚的伦理学提供所有我们所需的或可以拥有的实践指南。

幸运原则表述的是感恩的理想和美德，而不是一套精确的行动规则。它也表达了如下相关理想：我们相信出于善良意志而帮助我们的人们，并通过不断关心其他人，我们表达了对他们善良之举的尊敬。作为理想和美德的伦理学，敬畏生命有着明显的个人主义特点，它放弃为平衡慈善责任和个人对家人、朋友、工作和自我的责任而划定优先顺序。正如我们所见，施韦泽反对伦理学要以道德规则

为中心，主张个人奉献多少的决定是主观和任意的，但这个观点有些
误导性。[39]就像所有重要决定一样，关于奉献的决定同样要求我们
具备良好的判断力，以确定如何运用美德以平衡不相容的理想对我们
提出相互冲突的要求。 这些判断是主观的，因为只有这样才能为个
人留下足够的慎思空间，也只有这样奉献才会与个人爱的计划联系在
一起。

甚至对幸运的评价也由个人自由决定。 不仅与幸运相关的参照
物不清晰，幸运本身也具有一个极为个人化的视角，也就是说，客观
利益如何对我们有利是一种个人化的体验。[40]有些人虽然很富裕，
却过得很悲惨；有些人虽然清贫，却过得很幸福。 因此，从运气中
体验到幸福和快乐的单纯能力也属于幸运的一个方面。 同时，施韦
泽理所当然地认为，我们应当意识到，幸运首先属于一个客观的问
题，并应该对此心怀感激。 我们每个人都有责任学习对自己所得到
的利益表达合适的感情，我们也应该避免批评别人对责任的
感知。[41]

我们应该如何满足基于幸运的责任？ 有些人在他们所从事的工
作中，通过"超出"最低社会要求的做法而满足这些要求，不论从事
的是服务行业还是商业活动。[42]不过，我们大多数人是通过慈善活
动——为了集体目标而自愿奉献，不论付出的是金钱还是时间，在范
围上是本土的还是国际的，也不论其动机是出于宗教、人道主义、文
化、政治抑或环境保护。[43]作为对我们幸运的回应，奉献活动是义
务性的，同时在非强迫的意义上也是自愿的。

慈善责任要求个性化的表达，根据我们的机遇、兴趣和才能，在
个人爱的计划里去发现我们帮助别人的途径。[44]只有在个人使命
中，个人的服务意识才能被强烈地唤醒，个人使命这个观念可以从宗
教或人道主义的角度理解成关怀的计划。 慈善活动相对更多地体现出

71

个人的奉献使命，个人也可能通过工作、家庭生活和其他活动体现个人的使命。[45]我们应该谨慎对待公开炫耀的善举，而应该为了回应具体需求寻找更温和的救助方式。[46]同时，我们也需要"精神上的冒险者"，他们的义务感来自自然天性，而不是躁动不安的抱负。[47]

施韦泽敦促我们寻找属于自己的服务之路，而不是直接模仿他："你可以在任何地方拥有自己的兰巴雷内。"[48]为了达到个人的自我实现，个性化的表达是极为重要的，施韦泽其他隐含的理由也同样重要。其中一个理由是，帮助他人的价值在于个人所表现出来的关怀行动与所建立的关怀关系，而不在于善行带来的结果。关怀意味着我们个人认同所支持的事业和人，而这一认同来自我们内心，而不是来自外部对我们施加的要求。[49]正如我们获得的幸运是别人善良意志的产物，因此，我们帮助他人的行为也应该体现出我们的善良意志。救助别人为什么必须是个人去做的，另一个理由是为了最有效地令受助者得益。当我们发挥个人主动性积极回应别人的需求，共同利益也由此得到提高。[50]至于为什么赋予个人自由决定权去选择具体的救助方式，另一个原因是救助行为应该是不间断进行的，而不是偶尔为之的单个举动，并且只有我们的救助行为带来满足的感受，我们才应该这么做。事实上，我们获得的幸运有一部分在于帮助别人使我们得到满足。[51]

这里应该补充一点，施韦泽的个人主义影响了他对慈善组织的态度。他清楚地意识到，慈善组织对处理当代大量社会问题极为重要，但他提醒我们，慈善组织容易变得非人化。组织的运作需要个人主动性（*personal initiative*），即自愿付出时间和劳动的个人身上"多样而灵活的力量"[52]。同时，施韦泽决定去非洲志愿投身服务事业，这个决定部分地由他对"绝对个人的和独立的能动性"的追求所塑造，这一追求不受制于慈善组织的要求。[53]当然，医院就是一

72

个组织,而施韦泽对自己作为医院的权威负责人并不十分老练,对他去世后医院的管理应该如何过渡也没有作出明智的准备。[54]

感恩与正义

施韦泽对权力失衡如何扭曲道德价值非常敏感,但敏感的程度还不足够。 基于这个联系,他意识到对感恩的要求经常是不恰当的:"我们所有人都强烈倾向于利用自己的善意作为陷害他人的陷阱",我们"误将感恩当作绑架"和羞辱别人的手段。[55]对于接受了我们帮助却不知感恩图报的人,我们会感到非常愤怒,这是伪善最常见的一种形式,显示我们对权力和支配的动机。 考虑到施韦泽的这些观点,再听到施韦泽时不时抱怨他帮助过的非洲的人们不知感恩,这令人感到不安。

例如,施韦泽提到一件令他烦恼的事情,一位酋长没有向施韦泽表达感激之情,因为他没有让他的亲属为医院提供劳力,以作为施韦泽给他包扎小型枪伤的回报,施韦泽提道:

> 我不得不威胁他,我不会再为他的手包扎伤口,任其"恶化",事实上,我这样做不会给他带来什么危险,我就威胁他三四天不去检查伤口。[56]

施韦泽坚持他的受惠者应该心怀感激,这超出了他的另一个合理要求,受惠者只需要在能力范围内付出一些报酬即可,就算这样的回报远远低于服务的成本。 在专业医生与客户的关系中,受惠者付出适度的报酬以作为接受服务后要承担的部分责任,这是一回事。 然而，在一个殖民主义者的使命框架内，施韦泽想要的报酬包括教导病人要感受并表达出感恩之情，则是另外一回事了。 施韦泽提到对服务的报酬是一件"作为报答的礼物"，他抱怨那些接受他的帮助，却没有表达感恩之情的人，这标志着他们"已经沉沦到野蛮人的层次之下了"[57]。

在施韦泽的一生中，他既是一位极富仁爱之心的医生，也是一位宽厚的慈善家，在这一背景下，这些怨言显示了他是一个人，而非不近人情。 我们很少有人在自身努力得不到感激的情况下，还愿意一直投身到即便规模很小的慈善服务的事业中。 尽管如此，施韦泽的怨言也说明了感恩的关系蕴含内在权力不平衡的风险，权力的不平衡可能导致剥削和支配关系。[58]如果说这样的危险通常发生在专制的父母身上，那么在殖民制度里就更明显了。 就像其他美德一样，感恩需要被整合到一个正义的理论中。

有句谚语强调道："慷慨的前提是正义。"以类似的方式，查尔斯·狄更斯用滑稽的笔调描述一位杰利比太太*，讽刺她"用望远镜行善"，她只在远处看到非洲人们的需要，但实际上关心的只是她自己的需求。[59]施韦泽有时成为另一反面的牺牲品——"用显微镜行善"，从而误解非洲人们更广泛的社会和政治维度的问题。 如果救助的终极目标是赋权（empower），那么正义就需要得到更多关注，这便是下一章的主题。

73

注 释

[1] Albert Schweitzer, *Out of My Life and Thought*, trans. Antje Bultmann Lemke (Baltimore, MD: Johns Hopkins University Press, 1998), p.82.
[2] Ibid.

---

* 杰利比太太系英国作家查尔斯·狄更斯长篇小说《荒凉山庄》中的人物。 ——译者注

［3］例子参见 Albert Schweitzer, *The Teaching of Reverence for Life*, trans. Richard and Clara Winston(New York：Holt, Rinehart and Winston, 1965), p.40。

［4］Herbert Spiegelberg, "Good Fortune Obligates：Albert Schweitzer's Second Ethical Principle", *Ethics*, 85(1975)：227—234.

［5］Spiegelberg 发展了他的平等主义正义观，参见 "A Defense of Human Equality"，再版于 *Steppingstones Toward an Ethics for Fellow Existers* (Dordrecht：Martinus Nijhoff, 1986), pp.131—53. John Rawls 参考过这篇文章，参见 John Rawls, *A Theory of Justice*, revised edn(Cambridge, MA：Harvard University Press, 1999), p.86。

［6］Albert Schweitzer, *Memoirs of Childhood and Youth*, trans. Kurt Bergel and Alice R.Bergel(Syracuse, NY：Syracuse University Press, 1997), p.15.

［7］Albert Schweitzer, *Philosophy of Civilization*, trans. C.T. Campion(Amherst, NY：Prometheus Books, 1987), p.321.

［8］Albert Schweitzer, *Reverence for Life*：*Sermons 1909—1919*, trans. Reginald H. Fuller(New York：Irvington, 1993), p.55.

［9］Albert Schweitzer, *The Primeval Forest*, trans. C. T. Campion (New York：Pyramid Books, 1961), pp.127—130.

［10］Schweitzer, *Memoirs of Childhood and Youth*, pp.73—74.

［11］Albert Schweitzer, *Letters 1905—1965*, trans. Joachim Neugroschel, ed. Hans Walter Bahr(New York：Macmillan, 1992), p.64.

［12］Schweitzer, *Philosophy of Civilization*, p.321.

［13］Ibid., p.321.

［14］Albert Schweitzer, "Your Second Job", *Reader's Digest*, 55(October 1949), pp.3—4. 第二份工作是慈善事业(志愿服务)，他在其他地方称之为 "次要的工作" (Schweitzer, *Philosophy of Civilization*, p.322)。

［15］Schweitzer, *The Primeval Forest*, p.129.

［16］Spiegelberg, "Good Fortune Obligates", p.228. Spiegelberg 引用了施韦泽的文章 "Ausmeinem Leben：Ein Vortrag", *Schweitzer Monatshefte*, 50(1970)：1—7。

［17］Schweitzer, *Reverence for Life*, p.141.

［18］Ibid.

［19］Ibid., p.129.

［20］Paul F.Camenisch, "Gift and Gratitude in Ethics", *The Journal of Religious Ethics*, 9(1981)：23. Robert A.Emmons and Michael E.McCullough 也探讨了感恩在人类生活中的广泛重要性，参见 Robert A.Emmons and Michael E.McCullough(eds), *The Psychology of Gratitude*(New York：Oxford University Press, 2004)。

［21］Camenisch, "Gift and Gratitude in Ethics", p.2.

［22］Albert Schweitzer, *A Place for Revelation*：*Sermons on Reverence for Life*, trans. David Larrimore Holland(New York：Irvington, 1993), p.34. 关于把感恩和感激与生命本身联系起来，参见 Thomas E. Hill, Jr, "Ideals of Human Excellence and Preserving Natural Environments", in Thomas E.Hill, Jr, *Autonomy and Self-Respect* (New York：Cambridge University Press, 1991), pp.104—117。

［23］Schweitzer, *The Philosophy of Civilization*, p.318.

［24］Fred R.Berger, "Gratitude", *Ethics*, 85(1974/75)：299.

［25］Schweitzer, *Reverence for Life*, p.132.

［26］Ibid., p.132.

［27］Schweitzer, *Memoirs of Childhood and Youth*, pp.81—82.

［28］Schweitzer, *Reverence for Life*, pp.105—106. 施韦泽于 1919 年对感恩的人道主义布道与他于 1904 年对感恩的宗教性布道形成鲜明对比。 施韦泽在早年的布道中，也将感恩看作是对上帝恩典的回应。 Schweitzer, *Reverence for Life*, pp.36—42, 75, 85, 93.

［29］Schweitzer, *Reverence for Life*, pp.139—140.

［30］Ibid., p.132.

［31］当代的思想家，例如 Amartya Sen 持有类似的观点，参见 Amartya Sen, *On Ethics and Economics*(Oxford：Blackwell, 1987)；以及 Alfie Kohn, *The Brighter Side of*

74

Human Nature (New York: Basic Books, 1990)。

［32］关于慈善事业的相关论证由 Lawrence C. Becker 提出来，参见 Lawrence C. Becker, *Reciprocity* (New York: Routledge and Kegan Paul, 1986), pp.230—231; 以及 Terrance McConnell, *Gratitude* (Philadelphia, PA: Temple University Press, 1993), pp.28—29. Robert Nozick 在 *Anarchy, State, and Utopia* (New York: Basic Books, 1974)提出来的异议遭到 Richard J. Arneson 的反驳，参见 Richard J. Arneson, "The Principle of Fairness and Free-RiderProblems", *Ethics*, 92(1982):617—633. 同时参见 Alan D. Schrift (ed.), *The Logic of the Gift: Toward an Ethic of Generosity* (New York: Routledge, 1997)。

［33］Schweitzer, *Reverence for Life*, p.139.

［34］Terrence McConnell, *Gratitude*, p.8.

［35］Schweitzer, *Reverence for Life*, pp.140—141.

［36］Schweitzer, *A Place for Revelation*, pp.62—63, 75—77.

［37］Schweitzer, *Philosophy of Civilization*, p.291.

［38］Ibid., pp.320—323.

［39］Ibid., p.320; Schweitzer, *Out of My Life and Thought*, p.236.

［40］Spiegelberg 提出了这个问题，虽然与感恩没有关系，参见 "Good Fortune Obligates", p.230。

［41］Schweitzer, *Reverence for Life*, pp.131—134.

［42］Schweitzer, *Philosophy of Civilization*, p.320.

［43］这个定义来自 Robert Payton, "American Values and Private Philanthropy", in Kenneth W. Thompson (ed.), *Philanthropy: Private Means, Public Ends* (Lanham, MD: University Press of America, 1987), pp.3—20; 以及 Mike W. Martin, *Virtuous Giving: Philanthropy, Voluntary Service, and Caring* (Bloomington, IN: Indiana University Press, 1984), p.1。

［44］Schweitzer, *Philosophy of Civilization*, p.322.

［45］Ibid., pp.305, 322.

［46］Schweitzer, *A Place for Revelation*, p.42; Schweitzer, *Out of My Life and Thought*, p.88.

［47］Schweitzer, *A Place for Revelation*, p.85; Schweitzer, *Out of My Life and Thought*, p.88.

［48］转引自 James Brabazon, *Albert Schweitzer: A Biography*, 2nd edn (Syracuse, NY: Syracuse University Press, 2000), p.500. 比较 Schweitzer, *Out of My Life and Thought*, p.88。

［49］比较 John O'Connor, "Philanthropy and Selfishness", in Ellen Frankel Paul, Fred. D.Miller, Jr. Jeffrey Paul, and John Ahrens (eds), *Beneficence, Philanthropy and the Public Good* (Oxford: Blackwell, 1987), pp.113—127。

［50］Schweitzer, *Philosophy of Civilization*, p.320.

［51］Schweitzer, *Out of My Life and Thought*, p.244. 比较 Anne Colby and William Damon, *Some Do Care: Contemporary Lives of Moral Commitment* (New York: Free Press, 1992), pp.162, 261, 278—280。

［52］Schweitzer, *A Place for Revelation*, p.83.

［53］Schweitzer, *Out of My Life and Thought*, pp.82—85.

［54］Edgar Berman, *In Africa with Schweitzer* (New York: Harper and Row, 1986).

［55］Schweitzer, *Reverence for Life*, p.128.

［56］Schweitzer, *The Primeval Forest*, pp.147—148.

［57］Ibid., pp.174, 227.

［58］比较 Claudia Card, "Gratitude and Obligation", *American Philosophical Quarterly*, 25(1988):115—127。

［59］Charles Dickens, *Bleak House* (New York: Bantam, 1983), pp.32—43.

75

第8章　作为人权的正义

> 我们再次要求正义……这是渗透着每个人的存在价值的
> 人群。[1]

施韦泽赞同耶稣"纯粹的爱的伦理"，同时主张社会正义对耶稣而言是不重要的，因为他相信这个世界即将终结。[2]根据亨利·克拉克(Henry Clark)的观点，这个主张显示"施韦泽明显拒绝将正义视为社会伦理的理想"[3]。 没有什么比这个说法离真理更远的了。与耶稣不同，施韦泽坚持我们必须建立一个正义的理论以保护自由，推进文明的进步。[4]施韦泽首先是从人权的角度去理解正义，人权是为了"每个人在自己的国家里其人格的最大可能的自由得到保障"[5]。

施韦泽从四个方面讨论正义：尊重个体自由(宽容)、经济利益和负担的公平分配(经济正义)、惩罚(惩罚性正义)和对伤害的补偿(补偿正义)。 他的讨论是不完整的，但它们表明施韦泽可能计划在《文化哲学》中补偿这部分内容。 这一章在探究正义这几个方面之外，将回应对施韦泽参与殖民主义活动的批评，批评者认为他的参与损害了作为一个伦理理论的敬畏生命。

自由与宽容

敬畏生命肯定人们在解释和运用道德理想上拥有最大的个人自由，以负责任的方式追求自我实现。 尤其是我们需要选择自由以形成个人爱的计划，并决定如何做才能最好地帮助他人。[6] 保护这种个人自由需要宽容。

宽容是一个难以把握的模糊概念。 伊瓦尔·帕洛斯卡（Ija Pawlowska）区分了宽容的三个意义：消极的宽容、积极的宽容和非强制性的宽容。 消极的宽容（*Negative tolerance*）指的是避免（或许是勉强地）批评我们认为道德上错误的信念和行动，其目标是为了维护一个多元主义的社会，以此压制甚至会带来"正确影响"的批评。 积极的宽容（*Positive tolerance*）指的是包容那些我们并不同意的多样化的道德观点和行为。 非强制性的宽容（*noncoercive tolerance*）指的是既不施加强制，同时也允许我们理性批评别人的观点。

基于这些区分，帕洛斯卡认为，鉴于施韦泽大量批评违背敬畏生命信念的折磨和压迫行为，"无论在宽容的消极意义或积极意义上，他在道德领域都没持有宽容的态度"。 相反，施韦泽在道德事务上显示了非强制性的宽容，他既理性批评反对敬畏生命的观点，同时禁止对持有这些观点的人施以暴力和压制。[7] 帕洛斯卡也认为，施韦泽"在对待其他宗教上是真正持积极宽容态度的"，并将施韦泽这种积极宽容的态度归于施韦泽对宗教教条没有任何兴趣。[8]

帕洛斯卡在几个方面过度概括施韦泽的观点了。 一方面，施韦泽不禁止所有形式的强制和暴力，虽然他将暴力描述成不符合理想的要求（正如在第9章所论证的）。 另一方面，当施韦泽不同意其他观点时，他通常克制谴责个人的做法，呼吁谅解，在这些方面表现出消极的宽容。[9]而另一方面，施韦泽批评多个宗教持有错误的道德信念，批评它们未能真正尊重理性（学术理性和科学理性）和个体思想。

为了展开批评，除了贵格会外，施韦泽批评所有形式的宗教组织，认为它们与有害的民族主义和世界势力同流合污。[10]他也批评亚洲宗教，认为它们缺乏充分的道德乐观主义，即便他赞赏亚洲宗教把道德关怀扩展到所有生命。 施韦泽对宗教教条绝非毫无兴趣，他寻求的是历史中的耶稣，拒绝的是狭隘的教条。 因为他将宗教在很大程度上视作伦理的，认为不对宗教主张进行批评是极危险的。 然而，他的批评属于受人尊敬的不同宗教信仰者之间的对话之一。 在他父亲的教堂里既有新教教徒，也有天主教徒，受此启发，他呼吁世界范围内的宗教大融合。[11]概括而言，施韦泽对宗教的立场是复杂的：在认同精神性和个人主义上，他持有积极宽容的态度；在避免作出自以为是的谴责上，他持有消极宽容的态度；在批评而强行改变他人的信念上，他持有非强制性的宽容；而在所有这些意义上，他对宽容本身也施加了限制。

宽容对当代"文化战争"具有什么意义呢，例如，像性实践、协助自杀和堕胎等议题？ 这里我们需要区分如下两个要求：（1）敬畏生命的不同要求，和（2）施韦泽对这些要求的解释和运用。 敬畏生命把更高的理想与负责任的个人主义结合起来。 因此，我们可以一方面认同敬畏生命的精神，同时拒绝施韦泽本人对这些理想的运用，包括正义的理想。

关于性实践，施韦泽在他的个人行为上是比较传统的，但在思想层面对他人的行为则非常开明（积极宽容）。 正如詹姆斯·布莱贝岑观察到，施韦泽真心实意地欣赏"万花筒一般的性格"。[12]在兰巴雷内的医院，年轻医生和护士轻率的性行为是一件隐私的事情，除非他们影响了医院的工作。[13]施韦泽对性实践的评价倾向于自由主义的一边。例如，他接受一夫多妻制，认为这种婚姻制度在非洲社会是合理的家庭结构，因为女性和儿童在非洲缺乏安全保障。[14]我们不知道施韦泽对性向的观点，不过他非常重视在追求自我实现的过程中的个人本真性，这似乎显示，施韦泽在宽泛的限度内，积极宽容双方同意的成年人之间的性行为。

关于终结生命的问题，我们知道施韦泽反对自杀、有医生协助的自杀和安乐死。就像他那个时代的社会习俗和看法一样，他相信自杀是心理失衡的症状，是精神健康出现问题，而精神健康与对自我的敬畏相关。他也相信"对一个遭受痛苦的人……我不应该缩短他的生命，一个小时也不能"[15]。施韦泽对待他的病人也是用家长主义的方式，正如在 20 世纪 60 年代之前大多数医生一样，在这之后，病人—权利运动才使病人自由的知情同意权成为医学实践的中心。而在 20 世纪 60 年代，那时医学技术已经可以让病人在植物人的状态下生活很多年，他告诉埃德加·伯曼，他本人不会让病人，尤其是孩子，在还没有得到医疗救治的情况下就死去，

> 终止一个(人类)生命可能更仁慈，甚至更有伦理性,但我不能让生命就这样消逝。[16]

然而，需要注意的是，这里最后一句话——"但我不能"——意味着他个人的观点不同于对所有人的仁慈要求。一般而言，施韦泽的个人态度并没有解决与终结生命相关的敬畏生命的要求。有一点可以肯定，在反对杀害人类生命上，敬畏生命提出了一个非常强烈的前提，但这个前提有时会被其他道德考虑推翻。敬畏生命强烈要求我们具有同情心，这一美德比不杀生更全面，同情心让我们承认，死

亡可以解脱临死前不可控制的痛苦。[17]施韦泽还强调，

> 对人类来说，比起死亡，痛苦是更可怕的主宰。[18]

据报道，施韦泽在他死前拒绝了延长生命的治疗方法。[19]最重要的是，敬畏生命为个体以敬畏生命的精神，自主反思这些问题留下了广泛的自由空间。自我实现扩展到个人在度过了漫长而丰富的一生后，可以有尊严地决定自己的死亡方式，而不需要被迫接受无效而昂贵的、毫无尊严的治疗过程。

最后，对于堕胎问题，敬畏生命含有一个反对杀生的强烈前提。如果我们仅仅关注这个前提，那么敬畏生命看起来就意味着一个保守的、反堕胎的立场，这个立场谴责堕胎行为，除非为了挽救女性的生命。有一位作者甚至认为，施韦泽拒绝区分生命价值的等级，那么一个生长中的胎儿是否算作一个人，这个问题就变得无关紧要了；只要观察到这个胎儿是活着的，有一个生命意志，就足够了。[20]这是对施韦泽的错误理解。一个胎儿生命能否被看作是一个人极为重要。施韦泽把所有生命都视作有价值的，但他强调人有特殊的道德要求。只有人才拥有人权，而敬畏生命不会告诉我们一个胎儿生长到什么时候才成为一个具有完整权利的人。

即使我们判断胎儿什么时候才能算作一个人，也有一些重要价值需要考虑，尤其是女性的自主权。施韦泽不是一个早期女性主义者（proto-feminist），他对女性的态度有时也反映了他所在时代的习俗。尽管如此，正如敬畏生命构建了一个反对杀生的前提，它也为所有人的自我实现和自主决定权提供了坚实的支持——包括女性的权利。敬畏生命肯定所有人有权决定如何处置他们的身体，就像他们在教育、工作和个人爱的计划这些事情上具有决定权。全面进行考虑，

敬畏生命既不禁止，也不排除个人可以在堕胎问题上持有反对堕胎或主张堕胎的立场，但敬畏生命似乎更倾向于支持那些尊重和宽容个人在私人生活中自由选择哪个立场的社会政策。

堕胎显著地说明了为什么我们必须不能仅仅看到施韦泽伦理理论的某个方面，而忽视了其他方面，更不用说把施韦泽本人对理论的私人运用看作所有人都应该这样做的规范。敬畏生命聚集了多个不同的道德理想，并统一和扩大它们从理论到实践的运用，以此令这些理想具有精神性层面，而这些理想的核心除了本真性和自我实现，还包括爱和非暴力。

经济正义

分配经济物品和服务方面的正义以财产为中心，在 1919 年，施韦泽被这个问题困扰，并认为"这是最困难和最迫切的伦理问题"[21]。施韦泽在三次引人注目的布道中首次表述敬畏生命的观念，其中经济正义是令他深感棘手的问题。[22]为了解决这个问题，他寻求把自我实现和爱加以平衡并整合在一起。

一方面，由于财富对个人、家庭和国家的生存与发展都极为重要，自我实现和文明的进程应该引领我们发挥个人主动性去追求财富。财产的自由交易也同样必不可少。基于同样理由，施韦泽坚定地拒绝共产主义。同时，他明白只有法律和制度对财产有明确的定义和保护，公平交易才有可能。而大量的财富通过继承而获得，这切断了个人主动性与财富之间的关系。最终，"社会是财富的主人"，社会有权利为了公共利益而征税。[23]每个国家必须设法平衡纳税与私人财产所有权之间的关系。施韦泽的这些观点在今天看来非常明智而合乎常识,但他说这番话的时候是在一个宏观意识形态扭曲知识分子常识观点的时代,这些意识形态包括法西斯主义等。

另一方面,除了同情和感恩的责任,我们也有基于正义的责任,即有责任把我们的资源分享给那些极度需要救助的人们。 我们应该把自己视作财富的管理者,以同情和自我实现的精神把财富在我们和他人之间进行分配。[24]个人应该被给予最大的决定自由,自行判断如何通过爱的计划与他人分享资源和提供服务。 基本服务由专家、服务人员和慈善家提供。 企业家也能提供资源和服务,他们创造了工作岗位和财富,虽然他们对员工的个人关心应该以严格的竞争制度加以调和。[25]财富应该有助于促进公共福利,

> 如果财富要造福共同体内每一个人的话,它必须以最丰富多样的方式遍及共同体每一个角落。[26]

在这一点上,施韦泽对社会正义的讨论就停止了。 不过,我们很容易推测出敬畏生命如何能够扩展到当代关于社会和政治正义的争论,也就是说,在基本社会结构和实践事务上的正义。 约翰·罗尔斯对当代社会正义的论述提供了参考点,因此,比较罗尔斯和施韦泽的观点能够帮助我们阐明社会正义问题。

初看之下,他们的观点似乎完全不同,罗尔斯非常明确地拒绝伦理完善论(ethical perfectionism)。 然而,让我们作进一步的探究,罗尔斯所说的完善主义并不是施韦泽的意思。 罗尔斯将完善主义定义为"指导社会按下述目的来安排制度并规定个人的义务和责任,即最大限度地达到人类在艺术、科学、文化方面的卓越性"[27]*。 他区

---

* 约翰·罗尔斯:《正义论》(修订版),何怀宏、何包钢、廖申白译,中国社会科学出版社 2014 年版,第 254 页。 ——译者注

分了两个版本的完善论。 强硬版本是尼采意义的完善论，指的是完善论是唯一的道德原则，优先考虑由极高天赋的个人组成的精英阶层。 温和版本是亚里士多德意义的完善论，这个版本将完善论看作多个基本原则中的一个，它们之间需要相互平衡。 罗尔斯论证道，就算是温和版本的完善论，我们也不应该接受，因为它允许以不民主的方式偏袒有禀赋的个人。

与罗尔斯一样，施韦泽拒绝尼采意义的强硬版本的完善论。 他可能会接受温和版本的完善论，但前提是扩大"文化"的涵义，使其超出罗尔斯的意思。 罗尔斯的文化观念指的是在艺术、科学、人文学科、教育和历史遗产保护方面的卓越性。 而施韦泽的文化观念除了包括这几个方面外，还囊括了许多其他道德和精神性理想，这些理想推动了文明的进步，并界定了道德意义上的自我完善，比如同情和对基本权利的尊重。 因此，罗尔斯的完善论明显加入施韦泽版本的伦理理想主义的讨论。

为了取代完善论，罗尔斯对他的两个著名的正义原则提出辩护，作为他所称为的"作为公平的正义"的观点的基础：

> 第一个原则：每个人对与其他人所拥有的最广泛的平等基本自由体系相容的类似自由体系都应有一种平等的权利。第二个原则：社会和经济的不平等应这样安排，使它们(1)被合理地期望适合于每一个人的利益；并且(2)依系于地位和职务向所有人开放。[28]*

施韦泽并不执迷于规则，更不用说抽象理论了，像罗尔斯用来辩

---

* 约翰·罗尔斯：《正义论》（修订版），何怀宏、何包钢、廖申白译，中国社会科学出版社 2014 年版，第 47 页。——译者注

护他的原则的社会契约理论。 此外，与罗尔斯不同，施韦泽以人权
观念构建正义的基础，而罗尔斯从两个正义原则（义务）推出权利概
念，实际上使它们成为社会性的或制度性的权利（用制度来定义的权
利），而不是在成为一个人类个体这个意义上来定义权利。 尽管如
此，敬畏生命与罗尔斯两个原则的内容非常一致。 他的第一个原则
规定最大程度的平等的自由权，尤其是尊重每一个社会成员拥有平等
的政治权利。 自由权对追求自我实现是必要的，并与肯定基本人权
联系在一起。 第二个原则允许个人在财富和权力方面存在本质性的
差别，只要这个差别有助于促进处于社会不利地位的最大多数人的福
利。 当然，在施韦泽爱和同情伦理思想中，对处于社会不利地位的
人群的关切同样属于优先考虑的问题。

还有一个问题，施韦泽是否将权利局限在不得干涉的基本自由权
上，或他是否为福利权利（welfare rights）留下空间，即当一个人无法
独力赚取生存所需的资源，而共同体有可用的资源，他是否有权从共
同体中获取这些资源。 罗尔斯相信广泛的福利权利是必要的，虽然
他认为这是基于对处于社会不利地位的人的义务，而不是用人权去表
达这种权利。 现在注意，施韦泽在写作时并没有在自由权和福利权
之间作出明确的区分。 然而，他的基本权利列表包括了至少一项福
利权利：教育权。 除此之外，仍然不清楚的是，他的福利权利列表
可以扩展到多大的范围。 他强调同情，这让他似乎偏向建立一个基
于人权的安全网，以保障食物、住所和医疗等基本需要。 同时，他
强烈的个人主义可能偏向志愿的慈善活动，这些活动在帮助处于社会
不利地位的群体上发挥主要作用，至少满足他们的基本需求。 施韦
泽很可能认为，福利权利具有多大范围这一问题最好留给具体社会的
内部政治妥协加以解决。 总之，这再次表明，施韦泽的敬畏生命为   82
个人以不同的方式运用道德理想提供了宽泛的自由空间。

最后，施韦泽在一处有关日益增长的贫富差距的短文里结束对财产的讨论。他说道，我们应该带着不安的良心去生活——我们拥有舒适的生活条件，而其他人却生活在贫苦中，我们应该对此感到不安。[29]我们必须形成反思的意愿，用真诚而敏锐的方式思考这个问题：对于我们的生存和繁荣来说，什么是"真正（really）必需的"，在减少令人绝望的痛苦上，同情对我们提出什么要求。[30]

惩罚与补偿

生命权、自由权和财产权意味着自卫的权利。同时也存在保护无辜生命免遭伤害，支持和保护有价值的文化事业的义务。这些权利和义务必须通过制度的途径加以保障，以合理惩罚违背法律的行为。当然，这些惩罚指的不是野蛮的对待方式，像今天我们在许多监狱里发现的那样。对于轻罪，惩罚应该包含对受害者的补偿，而不是单纯将施害者投入监狱。

施韦泽在兰巴雷内的一段生活插曲，可以为我们理解施韦泽可能持有的惩罚观提供线索。有天早上，他被一阵吵闹声打断。[31]一个病人在没有得到允许的情况下，驾驶另一个人的小船，趁着月色捕鱼。他回来后撞见了船主，船主要扣下他捕获的鱼归为己有，还要根据当地法律要求金钱赔偿。不过，因为这只船停在医院空地上，施韦泽就被问到如何处理这个争端。施韦泽最后裁定，这两人对错半分。船主得到赔偿，因为他的小船没有得到本人允许就被拿走使用。不过，他也有错误，错在没有用锁链把自己的船锁好，以致招人犯罪。还有，他没有趁着月色用自己的小船捕鱼，要为自己的懒惰负责。轮到这个病人，他错在没有得到船主同意就私自使用他的船，但他辛劳捕获的鱼应该归他所有。作为对他的处罚，施韦泽最后裁决三分之一的鱼归船主，三分之一的鱼归付出劳动的捕鱼者，剩下三分之一归医院，因为他们的争端耗费了医院院长的宝贵时间！

在这个情景下，施韦泽的解决方式似乎有点古怪。我们大多数人认为船主是鲁莽的，但对没有仔细锁好船这件事似乎并无过失，更不用对自己没有勤劳捕鱼负责。此外，我们会担心，让小偷保留三分之一的鱼是怂恿而不是阻止其他人犯罪。虽然如此，施韦泽有权不顾当地法律，因为这个事件侵犯到他的医院财产，他也有权利用这个情景激励一种新的工作伦理。不过，我们这里感兴趣的是理解施韦泽对恢复关系的强调，理解他把惩罚与更广泛的共同体价值关联在一起的观点。他的观点与当时新出现的、被称作恢复正义的惩罚理论一致。

恢复正义是传统惩罚观、功利主义惩罚观和治疗惩罚观之外的另一个观点。传统惩罚观认为，对施害者加以痛苦具有内在价值——就算不是以牙还牙，至少也要给以相应比例的惩罚。功利主义诉诸惩罚可能带来好的后果，施加惩罚要看能否预防未来的罪行，这样无需执法部门的介入也能够满足复仇的欲望。治疗惩罚观把罪犯看作是有病的或不成熟的，从而试图把罪犯改造成正常人。与这些途径相对，恢复正义理论强调和解，在共同体内部恢复被破坏了的关系。恢复关系并不旨在以仁慈代替正义，而是结合这两者，例如，促使罪犯向被害者道歉，帮助充满悔恨的犯错者得到原谅。[32]

同样地，恢复正义理论把握了敬畏生命的大部分要义。施韦泽对捕鱼风波的处理更多的是依赖公平的补偿，而非惩罚——半夜小偷必须付出一定补偿作为整个补偿的一部分。暴力犯罪则需要更严厉的处罚，但即使当暴力罪行已经发生，尤其是全球冲突中发生的集体暴力事件，补偿正义可以比暴力双方冤冤相报更有效。因此，施韦泽呼吁西方社会对他们给非洲人们犯下的剥削暴行作出补偿以赎罪。[33] 有时，施韦泽把赎罪看作他前往非洲的动机。 虽然正义首先是一个以人为本的概念，但施韦泽仍然认为，我们救助动物的其中一个动机应该是为了补偿被用作医学实验的那些动物，它们为了我们的利益而受到伤害。[34]

死刑怎么样呢？ 大多数恢复正义的理论家反对死刑，施韦泽也是：

> 我反对死刑。我们没有权力杀掉一个人。如果一个人对人类社会构成威胁，我们只有剥夺他自由的权力。[35]

批评家可能这样回应道，就算死刑不是一个有效的威慑力量，它也象征性地肯定生命的神圣性，肯定我们对无辜的人被杀害的极端厌恶。至于恢复正义，或许任何和解都有可能在最终定罪和执行惩罚这段时间内发生。 批评家的意见对于认真信奉敬畏生命的人来说，这段时间也可以算得上是一个刑期，不过可能就算在这里，出于对敬畏生命中道德个人主义的强调，关于死刑仍然存在不止一个合理的观点。

至关重要的是，敬畏生命肯定宽宏大度的原谅，并将其作为一个理想。[36] 要达到原谅这个理想，存在两条路径。 一个路径是对他人的冒犯作出解释。 我们不应该仅仅看到一个人身上最恶劣的地方，还应该假设他们不义行为的原因有一半要归于不幸的环境，四分之一归于无知，只有四分之一归于他本人的恶意。 另一个路径是我们要诚实地使用黄金道德律（耶稣所言的"你要别人如何对你，就要如何对人"，或"己所不欲，勿施于人"）。 我们时常也会犯下类似的罪责，如果我们希望得到他人的原谅，那么诚实就迫使我们去原谅他人对我们犯下的过错。 就算我们有"外在的权利"去表达愤怒和怨恨，我们仍然可能没有"内在的权利"。[37]我们应该自愿去接受对自己错误行为的某些不公正补偿以作为赎罪。 通过这个方式，除了爱之外，对自己保持诚实也应该激发我们去原谅其他人。[38]

虽然如此，原谅与惩罚是相容的。 原谅他人意味着放弃对他的愤怒和恨意，放弃责备针对我们的不公正行为和那些我们在乎的人。但这样做并不意味着对别人的伤害逆来顺受。 耶稣告诉我们去原谅、去爱我们的敌人，他们打我们的左脸，就把我们的右脸转过来。不过，我们生活在这样一个世界，对不公正的逆来顺受会滋长更大的不正义。 我们有自卫的权利，也有支持无辜的、受压迫的人们的义务。 相应地，我们必须平衡爱的理想与正义和自尊的理想。 我们每一个人必须决定在什么地方应该原谅别人，在什么时候应该捍卫我们的生命和理想。[39]

最后，尽管敬畏生命灵活地把原谅和合理惩罚结合在一起，但有一点很清楚，施韦泽在他的个人生活中强调原谅多于惩罚，爱多于正义。 他童年中发生的一件事已经预示了他的侧重点。[40]施韦泽小时候，有一次和他的朋友戏弄一个叫毛瑟的犹太人，他是一个定期到村里做生意的小贩。 有一次，他跟着朋友朝这个犹太人扔石头。[41]随后施韦泽马上感到自己的行为很残酷，之后成了毛瑟的朋友。 我们可能预想，毛瑟一开始对他遭到的不公正对待非常愤怒，但恰好相反，施韦泽回忆道，他被毛瑟深深地打动，毛瑟带着"有些局促，但又友善的笑容"，面对他人的嘲弄却神色平静。 毛瑟成为忍耐和宽容的典范。 毫无疑问，在一个后大屠杀（post-Holocaust）的世界中，我们已经不再追寻毛瑟这样的形象。 然而，虽然我们认为每个人应该对自己的错误行为负责，宽容的理想仍然是追求和解、和平和恢复正义的核心。

84

人权与殖民主义

对一些观察家来说，施韦泽的慈善使命成为殖民主义压迫的悲剧性符号。 施韦泽参与殖民主义的活动损害了他的伦理理论吗？ 这就相当于说，托马斯·杰斐逊参与奴隶制的活动损害了他的人权理论。这两位思想家在运用他们的伦理理论上都存在道德盲点，但这并不构成完全拒绝他们所有理论的基础。

施韦泽对殖民主义的态度是复杂的。 一方面，他谴责殖民主义制度的残酷性，而当时西方社会大多数人基本上都是种族主义者。他反对殖民主义者的活动，认为殖民主义的活动对文明价值的态度"基本上是敌对的"[42]。 因此，他反对在非洲发生的大规模强制劳动的现象，坚持认为对于鼓励非洲劳工成为负责任的工人上，强制劳动要付出的代价太高。[43]他反对直接在非洲推行西方社会的习惯，应当容忍非洲社会的一夫多妻制和其他的部落传统。 他愤慨地表示，西方社会要为数个世代以来，通过奴隶交易、掠夺土地、过度开发资源、传播疾病和酗酒等方式，对非洲人们施加的伤害承担赎罪、补偿和偿还的义务。[44]最重要的是，他选择在成年后的大部分时间里都与非洲人生活在一起，致力于减缓他们的痛苦，并鼓舞了其他许多人投入到这项事业中。 施韦泽多次把自己在兰巴雷内的奉献生活描述成赎罪的一部分，即为白人因奴役和剥削非洲人而亏欠他们的罪过进行赎罪。[45]

另一方面，施韦泽是一个家长主义者，他不仅参加殖民主义制度的活动，还为它辩护，称之为一个临时体系。[46]尽管殖民主义天然具有剥削和残忍的性质，但直到非洲社会发展到有能力在现代世界的国际贸易体系中治理自己的时候，它才成为一个必要之恶。 部落制和殖民主义制度让非洲人处于无知和未开化的状态，迫切需要文明社会的指导。 对施韦泽来说，在兰巴雷内，这样的指导包括粗暴对待未能完成工作的医院员工。 世界贸易体系的力量令非洲社会失去独立性，当时唯一现实而人道的选择就是家长主义： 85

> 我们白人有权把我们的规则施加给未开化和半开化的人们吗？……没有，倘若我们只想统治他们，从他们的国家获取利益。有，倘若我们认真想教化他们，帮助他们达到幸福的状态。[47]

虽然非洲人值得所有人尊重，承认他们的尊严，但对于"黑人就是一个孩子"这句话，施韦泽可能会说成："诚然，我是你的兄弟，不过是你的兄长。"[48]

今天，这些态度令人感到震惊和愤怒。 确实，我们需要根据历史背景去评价这些态度。 施韦泽认清和谴责殖民主义和种族主义的残酷行径，这在他的同辈人中已经算是进步了，甚至可以说是激进的。[49] 相对否认所有形式的亲缘关系，他的文化家长主义是个巨大的进步。 此外，他预知到，一旦殖民体系被推翻，部落间就会爆发大规模的暴力事件。 尽管如此，他对殖民主义的理解仍然存在一个严重的道德缺陷。

W.E.B.杜波依斯(W.E.B. DuBois)提供了一个均衡的评估，他认为施韦泽将非洲人作为人来给予真正的关切，不过他对传教运动的态度很天真，缺乏"对现代剥削的理解，也不理解帝国殖民主义对这个世界做过什么"[50]。 假使施韦泽有这样的理解，那么他会支持非洲人民更快地走向独立，提高他们的教育水平（而不仅仅将他们限制在体力劳动上），并培养他们有能力接管他在兰巴雷内的医院。 不过，杜波依斯补充道，如果施韦泽真的有这样的理解，"他就很有可能试图医治欧洲白人的灵魂，而不是医治非洲黑人的灵魂"，那他对施韦泽的解释就走得太远了。我们在批评施韦泽道德盲点时，不应该抹杀他杰出的人道主义服务精神。

施韦泽与殖民主义制度的合作会削弱他对人权的肯定吗？他在1925年《白人与有色人种的关系》（"The Relations of the White and Coloured Races"）这篇文章中，提出了他对人权的最完整论述，他在文中呼吁殖民主义的实践需要通过尊重人权而得到启蒙。他告诉我们，人权"只有在一个稳定的有序社会中才能得到充分的保障"[51]。但随后这句话如果不是邪恶的，也是危险的：

> 在一个失序的社会中，人们为了自己的福利，往往主动要求缩减他们的基本权利。[52]

非洲变成了由这样的社会组成的大陆，由此破坏了非洲人的独立性。施韦泽的结论就是，尊重人权在一个人道的殖民主义内是可能的，这样的殖民主义可以逐步实现对这些基本人权的充分肯定：在自己的生养之地居住的权利，迁徙的权利，使用和开发土地的权利，工作和交换货物与服务的权利，得到司法公正和保护的权利，结社权与教育权。在走向"一个新的稳定社会结构"之前，这些权利就需要得到保障，而一个稳定的社会有能力让这些人权更为繁荣。[53]

这个逻辑是吸引人的，但暗含危险。它把历史上的殖民主义视作理所当然的，然后宣称由于殖民主义制度下缺乏自由，因此，人权不能得到充分的落实，接着禁止实现更少的人权，除非非洲社会逐步从殖民主义制度转型成为自由社会。这个推理谴责所有的暴力革命，无论发生在美洲抑或非洲的暴力革命，并无限期地拖延恢复权

利。　固然，和其他道德观念一样，对人权的诉求已经被滥用，并引
发了不必要的暴力和战争。　但除非我们是绝对的和平主义者——而　　　86
施韦泽并不是，正如我们在第 9 章所看到的——否则我们有时就必须
为自由而战，甚至在特定的历史背景下采用暴力革命的方式。　一个
健全的人权伦理令行使权利成为福利的核心，而不是社会繁荣的次要
之物。

　　敬畏生命为一个对自由充满激情的，有时以牺牲生命为代价的辩
护留下空间吗？　特别是敬畏生命与非洲人民争取自由，摆脱殖民主
义专制相关吗？　施韦泽在 84 岁时写了一封信，在信中他似乎否定这
种相关性：

> 　　我提出敬畏生命不是为了指引非洲人民争取他个人和国家的
> 自由；而是让他与个人之外的精神世界建立联系，在其中，他沉浸
> 于与自己的灵魂相处。[54]

施韦泽相信敬畏生命只能被用于人的品格，而不能用于社会正义领
域吗？

　　不是。　这封信的意思更有可能是指，敬畏生命对非洲人民争取
独立的斗争不提供直接的解决办法（"指导"），但它显然与这个斗争
相关。　与先前的观点一致，施韦泽在信中认为敬畏生命为伦理学的
所有方面都提供了一个基础，在制定个人决定与建立社会政策和法律
制度上，这个基础赋予个人最大程度的良心自由。　施韦泽相信，社
会的转型始于个人内心的精神性转变，正如第 9 章所讨论的，不过他
也非常清楚，敬畏生命蕴含对权利的尊重。　因此，非洲人民的精神
性转变像我们每个人那样，必须从品格的内在改变开始，这样的品格
体现为爱、同情和正义感。

总之，敬畏生命体现了一个人权观念，人权观念肯定所有人的尊严和价值，具体表现在宽容和尊重自由，以温和的立场肯定经济自由和对社会底层人们的积极关怀，惩罚和补偿的人道主义方式，对压迫的反抗等。如果敬畏生命的观念得到恰当的运用，它就会谴责殖民主义、奴隶制、种族大屠杀和其他形式的社会暴政。如果我们将敬畏生命对正义的唯一贡献解释为它允许最大程度的个人自由，那么个人自由会要求我们走得更远吗，尤其鉴于敬畏生命的不完整性？我相信个人自由对我们提出更多要求。正如斯图亚特·汉普希尔（Stuart Hampshire）所观察到的，在正义问题上，永远不存在完全一致的意见，理由在于永远不存在对善（the good）的一致意见：

> 在分配善品（goods）或惩罚犯罪这些实质性问题上，正义和公正总是随着不同的道德观和善观念（conceptions of the good）而不同。[55]

我们应该力图取得的不是一个得到一致同意的、详尽的普遍公正理论，而是支持解决冲突的公正程序。这将把我们带向热爱和平的美德。

---

[1] Albert Schweitzer, *Philosophy of Civilization*, trans. C.T. Campion (Amherst, NY: Prometheus Books, 1987), p.328.

[2] Albert Schweitzer, *Christianity and the Religions of the World*, trans. Johanna Powers (New York: George H. Doran, 1923), p.34; Albert Schweitzer, *A Place for Revelation: Sermons on Reverence for Life*, trans. David Larrimore Holland (New York: Irvington, 1993), pp.48, 59.

[3] Henry Clark, *The Ethical Mysticism of Albert Schweitzer* (Boston, MA: Beacon Press, 1962), p.218, fn 17.

[4] 许多伦理学家认为爱和正义两者的要求既有不同，也相互重叠，例如参见 William K.Frankena, *Ethics*, 2nd edn (Englewood Cliffs, NJ: Prentice-Hall, 1973), p.47.

87

〔5〕 Schweitzer, *Philosophy of Civilization*, p. 82. 比较 Antje Bultmann Lemke, "Moderator's Introduction", in David C. Miller and James Pouilliard（eds）, *The Relevance of Albert Schweitzer at the Dawn of the 21st Century*（Lanham, MD: University Press of America, 1992）, pp.83—84. 施韦泽显然计划在 *The Philosophy of Civilization* 未完成的第四卷展开撰写他的正义理论, 这与文明国家相关（Schweitzer, *Philosophy of Civilization*, p.xi）。

〔6〕 Schweitzer, *Philosophy of Civilization*, p.335.

〔7〕 Ija Pawlowska, "How Tolerant was Albert Schweitzer?", in Miller and Pouilliard（eds）, *The Relevance of Albert Schweitzer at the Dawn of the 21st Century*, p.102.

〔8〕 Ibid., p.101.

〔9〕 Albert Schweitzer, *Letters, 1905—1965*, trans. Joachim Neugroschel, ed. Hans Walter Bahr（New York: Macmillan, 1992）, p.288.

〔10〕 Schweitzer, *Philosophy of Civilization*, p.340.

〔11〕 Albert Schweitzer, *Memoirs of Childhood and Youth*, trans. Kurt Bergel and Alice R.Bergel（Syracuse, NY: Syracuse University Press, 1997）, p.61.

〔12〕 James Brabazon, *Albert Schweitzer: A Biography*, 2nd edn（Syracuse, NY: Syracuse University Press, 2000）, p.485.

〔13〕 Ibid., p.364.

〔14〕 Albert Schweitzer, "The Ethics of Reverence for Life", *Christendom*, 1(1936):96. 当然, 在其他社会环境中, 一夫多妻制可能对女性和儿童带来伤害, 我们可以据此提出反对意见。

〔15〕 Schweitzer, *A Place for Revelation*, p.37.

〔16〕 Edgar Berman, *In Africa with Schweitzer*（New York: Harper & Row, 1986）, pp.224—225.

〔17〕 Albert Schweitzer, *Indian Thought and Its Development*, trans. Mrs Charles E. B. Russell（Gloucester, MA: Peter Smith, 1977）, pp.83—84; Albert Schweitzer, *Reverence for Life: Sermons 1909—1919*, trans. Reginald H. Fuller（New York: Irvington, 1993）, p.72.

〔18〕 Albert Schweitzer, *Primeval Forest*, trans. C.T. Campion（New York: Pyramid Books, 1961）, p.74.

〔19〕 Victor W. Sidel, "Health Care in Exploited Societies", in Miller and Pouilliard（eds）, *The Relevance of Albert Schweitzer at the Dawn of the 21st Century*, p.64.

〔20〕 Joie Karnes, "Applying the Ethic of Reverence for Life to the Issue of Abortion in America", in Marvin Meyer and Kurt Bergel（eds）, *Reverence for Life: The Ethics of Albert Schweitzer for the Twenty-First Century*（Syracuse, NY: Syracuse University Press, 2002）, pp.295—296.

〔21〕 Schweitzer, *A Place for Revelation*, p.66.

〔22〕 Ibid., pp.58—85.

〔23〕 Ibid., p.64. 比较 Albert Schweitzer, "The Relations of the White and Coloured Races", *Contemporary Review*, 133(1925): 65。

〔24〕 Schweitzer, *A Place for Revelation*, p.78.

〔25〕 Ibid., p.49.

〔26〕 Schweitzer, *Philosophy of Civilization*, p.320.

〔27〕 John Rawls, *A Theory of Justice*, revised edn（Cambridge, MA: Harvard University Press, 1999）, pp.285—286.

〔28〕 Ibid., p.53.

〔29〕 Schweitzer, *A Place for Revelation*, p.74.

〔30〕 Ibid., p.51.

〔31〕 Albert Schweitzer, *African Notebook*, trans. Mrs C.E.B. Russell（Syracuse, NY: Syracuse University Press, 2002）, pp.108—110.

〔32〕 Conrad G. Brunk, "Restorative Justice and the Philosophical Theories of Criminal Punishment", in Michael L. Hadley（ed.）, *The Spiritual Roots of Restorative Justice*（Albany, NY: State University of New York Press, 2001）, pp.31—56.

88

〔33〕Schweitzer, *Reverence for Life*, p.55; Albert Schweitzer, *Out of My Life and Thought: An Autobiography*, trans. Antje Bultmann Lemke(Baltimore, MD: Johns Hopkins University Press, 1998), p.196; Schweitzer, *The Primeval Forest*, p.127.

〔34〕Schweitzer, *Philosophy of Civilization*, p.318.

〔35〕Schweitzer, *Letters*, *1905—1965*, p.345.

〔36〕Schweitzer, *A Place for Revelation*, p.46.

〔37〕Ibid., p.47.

〔38〕Schweitzer, *Philosophy of Civilization*, p.314.

〔39〕Schweitzer, *A Place for Revelation*, p.48.

〔40〕Schweitzer, *Memoirs of Childhood and Youth*, pp.13—14.

〔41〕Edgar Berman, *In Africa with Schweitzer*(New York: Harper and Row, 1986), p.259.

〔42〕Schweitzer, *The Primeval Forest*, p.90.

〔43〕Schweitzer, "The Relations of the White and Coloured Races" , p.68.

〔44〕Schweitzer, *Reverence for Life*, p.55; Schweitzer, *The Primeval Forest*, pp.127—130.

〔45〕Schweitzer, *Out of My Life and Thought*, p.196.

〔46〕参见 Manuel M.Davenport, "The Moral Paternalism of Albert Schweitzer" , *Ethics*, 84(1974): 116—127。

〔47〕Schweitzer, *Out of My Life and Thought*, p.190.

〔48〕Schweitzer, *The Primeval Forest*, p.99.

〔49〕比较 Jackson Lee Ice, *Albert Schweitzer: Sketches for a Portrait*(Lanham, MD: University Press of America, 1994), pp.1—8; Brabazon, *Albert Schweitzer*, pp.371—375。

〔50〕W.E.B. DuBois, "The Black Man and Albert Schweitzer" , in A.A. Roback(ed.), *The Albert Schweitzer Jubilee Book*(Cambridge, MA: Sci-Art, 1945), 126.

〔51〕Schweitzer, "The Relations of the White and Coloured Races" , p.65.

〔52〕Ibid.

〔53〕Ibid., p.69.

〔54〕Schweitzer, *Letters*, *1905—1965*, p.287.

〔55〕Stuart Hampshire, *Justice Is Conflict* (Princeton, NJ: Princeton University Press, 2000), p.4.

第9章 热爱和平与非暴力

当今时代,由谎言打扮的暴力行为公开地主宰着世界,但是我仍然确信,真理、爱、平和、温柔和善良仍然高于一切力量。[1]*

《文化哲学》以这句话结尾:

只有使敬畏生命的信念发挥作用的思想,才能开创永久和平。[2]**

十几年后,为了抗议核武器,施韦泽再次坚称,我们需要一场大范围的内心道德的转变,其宗旨是为了获得社会和平,包括国家之间、群体之间和个人之间的和平。[3]促进和平或热爱和平,是敬畏生命所强调的一个理想和美德,虽然是其中的一个。 热爱和平包含一个十分强烈的反暴力前提,不过,这个假设需要与同情和正义等重要理想结合在一起。 施韦泽并不是他有时所宣称的绝对的和平主义者。

---

* 阿尔贝特·施韦泽:《敬畏生命——五十年来的基本论述》,陈泽环译,上海人民出版社 2017 年版,第 52 页。 ——译者注

** 阿尔贝特·施韦泽:《文化哲学》,陈泽环译,上海人民出版社 2017 年版,第 334 页。 ——译者注

非暴力

施韦泽倾向于用描述爱的措辞去思考和平，和平是"存在的和谐，存在的共同体"[4]。 和平是任何愤怒冲突、暴力行为和暴力威胁的匮乏状态。[5]相应地，热爱和平的美德意味着消除或减少导致暴力发生的仇恨和愤怒，其途径通常是通过自愿的宽恕，而不是寻求报复。[6]然而，仅仅是没有冲突，不过表明冲突的停止。 对道德理想和其他卓越理想的追求也不可避免地产生冲突，其中有不少冲突是有益的。 和平是关于如何解决冲突的方法——无需暴力介入，而是用正义和同情的方式——和平不是冲突本身（*per se*）的匮乏状态。

在什么意义上，敬畏生命是和平主义的一种形式？ 道格拉斯 · P.雷基（Douglas P.Lackey）区分了与四种信念相对应的和平主义形式：杀生永远是不道德的；暴力（包括强制）永远是不道德的；个人关系中的暴力永远是不道德的，但战争有时可以得到道德上的辩护；战争永远是不道德的，但个人之间的暴力有时可以得到辩护。[7]雷基在第一个意义上将施韦泽解释为一个和平主义者，也就是说，作为一个在所有情况中都拒绝杀生的和平主义者。 因为施韦泽宣称生命是神圣的，杀生永远是恶的，全面考虑施韦泽的观点，我们可以理解雷基为什么假定施韦泽认为杀生永远不能得到道德意义上的允许。 接着，他解释为什么这样一个观点是自我挫败的（self-defeating）。 杀生有时是阻止包括自己在内的无辜生命受害的唯一手段，这是一个具有道德价值的目标。

90 雷基误解了施韦泽。 施韦泽认为生命是神圣的，所有杀生行为都是恶的，当他这么说的时候，他是在肯定一个理想，而不是作出这个全面的判断：杀生在任何情况下都是不允许的。[8]正如我们所见，敬畏生命包含了多个具体理想，这些理想必须在实践情景中加以平衡与整合。 在这些理想中，非暴力理想非常突出，自我尊重也一样，它们表明自卫是正当的；正义和同情也一样，它们证明保护无辜的第三方是正当的。 为了获得营养、保护我们自己和无辜的人，杀害非人类的生命通常是必要的。 为了保护我们自己和无辜的人，对抗不道德的入侵，作为最后迫不得已的手段，杀掉其他人是必要的。 施韦泽在呼吁积极促成和平和非暴力上是一个和平主义者，但他在以下这个意义上不是一个和平主义者：相信我们在寻遍其他所有合理选项之后，永远不应该为了保护我们自己和其他人而诉诸暴力。

只有在"必要的"时候才能使用暴力——为了对抗不道德的入侵，合法保护自己或其他无辜的第三方。 个人为了反抗不公正的伤害，有权保护他们自己，尽管他们应该争取原谅他人。[9]国家亦如此，就算在一个各个国家拥有大规模杀伤性武器的时代，它们也有自保权。[10]施韦泽在一次纪念第一次世界大战士兵的布道上，他以崇敬的口吻提到交战双方为了保护自己同胞的生命和自由而牺牲的男男女女。[11]他呼吁世界和平，其目标不是通过牺牲无辜的人的生命而放弃正义。 它们呼吁通过正义而获得和平，而正义有时需要保护无辜的人。

或许施韦泽关于非暴力观点最清楚地来自他对非暴力原则（*ahimsa*）的讨论，印度教、佛教和耆那教都信奉非暴力和非伤害原则。 他极为赞同这些宗教，尤其是耆那教的不可杀生的戒律——"人类精神史上最伟大的一次事件"[12]。 同时，他认为非暴力原则最开始是作为一个遁世的自我纯洁原则。[13]直到很晚以后，非暴力原则才转变成参与世间活动的指导原则。 他主张，即便是甘地所践行的更为流行的非暴力运动，非暴力原则没有敬畏生命那样有效。

假使施韦泽相信所有暴力行为都是不可被辩护为正当的，我们就可以预期他会无条件颂扬甘地使用非暴力原则抵抗英国对印度的殖民统治。 相反,他对甘地有一个措辞委婉的评价。 他称赞甘地迫使印度伦理"公开面对现实",意识到非暴力的观念无法得到完全的实现。 不过,他也批评甘地模糊了非暴力原则与非暴力抵抗的区别。非暴力原则是一个道德理想,而非暴力抵抗是一个具体策略,用以在特定环境下追求非暴力原则的实现。[14]作为一个策略,非暴力抵抗本身是一个强力和伤害的形式,需要在具体环境中评价它的合法性。非暴力的公民不服从和更为积极的、有时暴力的抵抗之间的差别是"相对的",而不是绝对的。[15]

在这一点上,施韦泽的观点更像是明确接受有限暴力——他所称作的限制"伦理事物"(道德理想)的必要暴力。 然而,他的观点只是接近,因为他对这个原则之所以作出中立的阐述,是出于"考虑"以这个原则取代甘地更为彻底的非暴力原则。 根据这个原则,使用暴力和其他形式的强力只有在"不可避免"的情况下才得到辩护,它是"最后的权宜之计",受"伦理目的"的指引,并且"以完全合乎伦理的品格得到应用"[16]。 这就意味着暴力是"世俗的"策略,只有用尽了所有促进和平的选择之后才能得到采用,就算是这样,也要持有尽可能降低伤害的精神。

更详细地说,

> 重要的事不是只应该使用非暴力的强力,而是所有为了世俗目标的行动都应该在最大可能避免暴力的前提下进行,伦理考虑也应该主导我们自己的行动,考虑到我们的行动给对方的心灵带来的影响。[17]

有时为了自我保存和保护无辜的人,暴力是必须的。 在这里和其他地方，施韦泽都支持和平的理想，意识到暴力有时是必要的，但在全面考虑所有因素（理想与现实）的前提下，他也不愿意为暴力何时才能得到辩护提供一个更充分的论述。

施韦泽为什么不更直接地把暴力作为保护无辜生命的最后手段去为之辩护呢？首先，他的和平主义是基于伦理理想，而不是义务和可允许的规则。敬畏生命专注于用非暴力的方法解决问题。施韦泽希望关注点集中在非暴力的理想上，而不是详细论述我们在追求自尊（自卫）、同情和正义（保护无辜的人）等其他理想时，当我们没有能力达到非暴力的理想，在这种情况下就允许采用暴力的方式。出于这个原因，由于雷基对和平主义的分类是按照义务划分的，因此，施韦泽的和平主义思想严格来说不能被归入雷基的分类。施韦泽道德伦理理想主义对雷基那样的伦理学家来说是陌生的，他们只用义务和权利去思考伦理学，而不是善的理想。

第二，在施韦泽的一生中，他是和平的代言人——是个人关系和政治交往中非暴力理想的支持者。在和平问题上发言时，施韦泽力图避免陷入关于暴力在什么情况下被允许使用的哲学争论。尤其当他因致力于兰巴雷内的服务事业而获得诺贝尔和平奖之后，他有很多机会为世界和平发言。透过这样的发言，在世界局势极为紧张的时刻，施韦泽通过阐明构成冲突各方理性妥协的共同立场，力图把各方凝聚在一起。

第三，施韦泽关于某些暴力是必要的观点是模糊的，对比他对伦理领域与必然性领域所作的清楚区分（前者被定义为道德意义上的绝对理想，后者指的是在全面考虑所有情况的前提下，道德上允许的或有义务的）。正如我们在第 3 章所见，他的伦理—必然性的二分（ethical-necessity dichotomy）是一个误导性的托辞，他所指的必然性包括了多个伦理价值：除了保护无辜的人这一价值外，还特指正当自卫和自我实现的价值。施韦泽隐含的意思是，为了这些伦理理想，基于这些目标而实施的暴力是可允许的或是必要的，虽然不是理想的。此外，为了促进和平，施韦泽呼吁一个追求道德纯洁的"理想主义精神"，作为以权力为主导的"现实主义精神"的对立面。[18]他还认为，"敬畏生命的精神"即"和平的精神"，他这个观点再次给我们留下这样的印象：所有暴力都是非道德的。[19]虽然如此，他强烈地意识到，理想必须面对现实，现实以各种方式妨碍理想的完全实现，其中包括热爱和平和非暴力的理想。

92　　基于这些理由，在全面考虑所有相关论点的情况下，关于施韦泽为什么不对暴力何时可以得到辩护作出明确的论述，这就很容易理解了。尽管如此，施韦泽支持和平理想的言论并非出于简单的空想。他关于核威胁的讨论显示了一个实践理性和正直体面（practical reason and decency）的声音，在那个时代这两者都极为罕见。

对世界和平的承诺

在很长时间里，施韦泽拒绝别人恳请他介入关于日益增长的核战争威胁的争论，担心这些活动影响他作为医生和医院负责人的首要职责。在他生命最后的十年时间里，自从1952年他获得诺贝尔和平奖后，他却成为一位积极的和平主义运动领袖。施韦泽的这个转变大概是因为诺曼·库辛到兰巴雷内拜访过他，说服他可以在挑战核武器的扩散和试验上发挥重要作用。施韦泽在将近80岁时，还自学与核威胁相关的技术和政治议题，并开始参加一系列受众广泛的广播谈话节目。

核威慑的捍卫者诉诸核武器能够有效阻止或抑制常规战争这一理

由。 他们有可能诉诸蕴含在敬畏生命中的理想，包括正义与和平，同时不同意施韦泽的个人信念。 这里有一个领域，在其中敬畏生命伦理学应该留下空间给理性的人们在复杂的实践条件下解释和应用道德理想。 不过，毫无疑问，施韦泽相信核武器是世界和平的根本性威胁。 他在反对核武器的论证里融入了常识、科学和道德诉求。 他一再呼吁公民和他们的领袖进行"内心的转变"，采用"心灵的全新态度：以伦理为根基的态度"[20]。 这个全新的态度将培育出互信互靠的精神。[21]

当然，这个全新的态度就是敬畏生命，作为一个统合性的美德和理想，它将核心价值联合在一起，例如，自尊、同情、人道主义的爱、宽容和正义——并不限于仅仅将内在价值的范围扩展到所有非人类生命这一理想。 他关于核武器的公开谈话中，只有两处地方直接涉及敬畏所有生物，这些谈话在关于肯定生命价值的言论上没有采用诸如生命意志和伦理神秘主义等技术性的术语。[22]这不是一个为了吸引更多听众去关注和平而不是环境伦理学的修辞策略。 施韦泽使用的谈话策略与他对敬畏生命的理解是一致的，即把敬畏生命作为一个统合性的美德和理想，其中包含了许多社会导向的美德和理想。

爱、同情、人道主义和正义是施韦泽在反对核武器的谈话中使用最多的语汇。 正义尤其突出，和先前一样，施韦泽将正义首先理解为人权，以及个人之间、国家之间的关系。 持久的和平是可能的，其前提在于人权以道德善良意志的精神、根据不同的实践情景而加以运用，只有这样才能"按照历史现实，发展一个公正而客观的（冲突）解决方案"[23]。 为了解决常规战争，我们必须给予财产权特别的关注，考虑到错综复杂的历史冲突，财产权已经变得模糊不清，只有理性的妥协才能重新定义财产权。[24]核武器试验和核扩散以空前未有的程度威胁到生命权和健康权。[25]

93

　　施韦泽在谈话中诉诸正义和其他具体美德，其中间杂着他对常识的呼吁和详尽的事实陈述。 他主要向公众传达核战争的危险，在当时——麦卡锡时代，无知、恐惧和胁迫大行其道——他传达的这些信息是公众迫切需要的。 施韦泽的声音清晰而沉稳，在当时他备受推崇的背景下，他的广播谈话的声音比布道的内容更有说服力。[26]

　　即便如此，他关于世界和平的方法现在看来是过度个人主义的。他宣称内心态度大范围的转变对于取得世界和平才是最迫切的，他一开始就低估了受一般道德原则所指导的和平条约谈判和国际法的重要性。[27]不过，随着施韦泽的观点日渐成熟，这些观点发展成更可行的信念，他相信协约和法律同样重要，不过不够充分。 态度上的广泛转变对于准备建立一个新的社会结构和法律是必要的，尤其对国际法更加必要。[28]我们必须提高敬畏生命的意识，以便随后通过基于正义和同情基础上的社会结构，在国家之内、国家之间运用敬畏生命的理想。 他呼吁：

　　　　所有政治计划和政治行动都应共同追求一个精神政治学，这样一个政治学将在国家之间创建精神性联系。[29]

　　施韦泽的目标是取得国家之间的和平，而不是终结国家的存在。施韦泽将"无知的爱国主义"描述成将自己的国家拔高到其他所有国家之上。[30]不过，他肯定一种在人道主义更广泛的框架内的"健康的民族主义"的价值。[31]值得强调的是，他因共产主义曲解了人道主义而拒绝接受它。[32]同时，他也受到了民族主义偏见的影响。 埃德加·伯曼观察到：

　　　　热爱德国是他的一个癖好，除了这一点之外，他的思想可以说是伟大的。[33]

在施韦泽的著述中，几乎没有他对导致大屠杀成为可能的德国文化的直接谴责。

内心的和平

除了社会和平之外，热爱和平还涉及内心的和平，我们每个人的内在和平。 然而，极为重要的一点是，不要把内心的和平与敬畏生命更广泛的态度混淆起来，因为内心和平是敬畏生命的一部分。 正如我们所见，敬畏生命包括了大量相互重叠的美德和伴随它们的理想——包括同情、正义、感恩与热爱和平，所有这些美德和理想都有助于实现内心和平与社会和平。 当施韦泽断言敬畏生命促进社会和平，他不是提出一个简单化的主张，即单凭内在和平就足以带来社会和平。[34]

即便如此，内在和平是敬畏生命的一个重要部分。 内在和平不仅仅指平静的心理状态，不如说它是一种道德和精神状态，这种状态由包含完整性、自尊、谦卑、平和与希望的美德所定义。[35]首先，完整性意味着范围广阔的道德承诺。 用宗教语言来说，它指的是与上帝的意志协调一致。 对施韦泽而言，道德承诺上的协调一致以自我实现和爱的伦理为中心。 用道德的话语来说，它要求加倍努力克服"懦弱的思想，谎言的思想，复仇和敌视的思想"[36]。 在精神上，热爱和平是与所有生命和谐共存的渴望。

94

在这个世界上，(宇宙)的生命意志与它自身是相冲突的。在

我们身上——通过我们所不能领悟的神秘方式——它渴望与自身
保持和平。[37]

通过伦理神秘主义才能获得这种和平，即通过以敬畏生命的精神积极
服务其他生命。 用爱、同情和正义的理想对和平进行定义，和平的内
涵由此被扩大。 只要我们支持生命，避免杀生，我们就能够把自己置
于破坏性的冲突之上，从而达到与整个宇宙生命意志的统一。

谦卑是承认我们无法控制万事万物这一事实，包括承认我们面对
苦难和死亡的脆弱性。 我们只能控制某些事物，但正如斯多葛学派
指出的，我们在相当大的程度上能够控制我们的态度和价值。 就这
点而论，谦卑是"对生命深刻的肯定"，它深化了我们的自尊，令我
们准备好在更深层面上关心其他生命。[38]虽然谦卑不能消除所有恐
惧，但它可以让我们免于被绝望、苦难、愤怒、仇恨和嫉妒所击垮。
它带来道德和精神上的宁静。

平和是"这样一种幸福"，它源于我们确知精神价值有着真正的
力量，源于我们致力于实现精神价值的最后胜利。[39]斯多葛学派意
义上的平和或宁静，最多保证这个世界不会摧毁我们。[40]与财富、
权力和社会地位的变化无常相对，知道我们与宇宙的善和谐一致可以
降低我们被外部事件打击的概率。[41]平和源自这样一种平静：我们
的意志顺从世界仁慈的力量，并感受到这些力量对我们的支持。[42]
它不是为暴力目标效劳的镇定心态，就像《薄伽梵歌》中的战士一
样，他们就算在杀掉自己亲人的时候，内心也是毫无波澜。 相反，
我们在追求和平的理想中致力于社会和平，从而产生了平和这种道德
信心。[43]

希望形成乐观主义、信心和承诺。 与和平相关的希望是世界普
遍持有相信未来会好转的态度，这区别于对特定结果的希望。 而这

里相关的精神和平是"力量的涌动,而不是静止"[44]。 我们心怀谦
卑,接受我们永远不能确定具体的努力能否肯定带来成功的这一事
实,而接受偶然性是谦卑的一个重要部分。 即便如此,通过有时我
们不太能领悟的方式,内心的和平蕴含了相信生命大体上是有意义的
这一希望,相信我们在自身的努力中获得帮助;不知何故,事情就会
有转机。 因此,不同于消极神秘主义赞同避世式的平和状态,伦理
神秘主义按照道德活动来定义内心的和平。

总而言之,施韦泽相信,个人之间和国家之间的和平必须来自道
德和精神上的转变。 单纯靠政府和协约是无法取得和平的。 内心的
和平包含对正义、同情和世界和平的承诺。 和平和非暴力同为敬畏
生命的核心理想,但它们必须与其他理想和现实情况结合起来。 但
对于像国际冲突和世界和平这样复杂的问题,对于怎么做才能最好地
把这些事物结合起来这一问题,理性的人可能存在分歧。 在这里,
正如在其他地方,敬畏生命号召我们每个人以本真和负责任的态度参
与到道德推理的活动中,同时尊重其他也这么做的人。

注　释　　　　　　　　　　　　　　　　　　　　　　　　　　　　95

[1] Albert Schweitzer, *Memoirs of Childhood and Youth*, trans. Kurt Bergel and Alice R.Bergel(Syracuse, NY: Syracuse University Press, 1997), p.95.

[2] Albert Schweitzer, *Philosophy of Civilization*, trans. C.T. Campion(Amherst, NY: Prometheus Books, 1987), p.344;比较 pp.xii, 1, 45。

[3] Albert Schweitzer, *On Nuclear War and Peace*, ed. Homer A.Jack(Elgin, IL: Brethren Press, 1988), p.40.

[4] Albert Schweitzer, *A Place for Revelation*: *Sermons on Reverence for Life*, trans. David Larrimore Holland(New York: Irvington, 1993), pp.7—8.

[5] 施韦泽不喜欢非洲人们的谈判方式——通过生动的、有时愤怒的口头沟通和列举例子来解决问题——但今天,我们欣赏这种谈判方式有预防诉诸暴力的作用。 Albert Schweitzer, *The African Sermons*, trans. and ed.Steven E.G. Melamed, Sr(Syracuse, NY: Syracuse University Press, 2003), p.158.

[6] Schweitzer, *The African Sermons*, p.159.

[7] Douglas P.Lackey, "Pacifism", in James E.White(ed.), *Contemporary Moral Problems*, 8th edn(Belmont, CA: Wadsworth, 2006), p.481.

[8] 比较 Henry Clark, *The Ethical Mysticism of Albert Schweitzer*(Boston, MA: Beacon Press, 1962), p.107。

［9］Schweitzer, *A Place for Revelation*, pp.46, 48.

［10］Schweitzer, *On Nuclear War and Peace*, p.55.

［11］Albert Schweitzer, *Reverence for Life: Sermons 1909—1919*, trans. Reginald H. Fuller(New York: Irvington, 1993), p.103.

［12］Albert Schweitzer, *Indian Thought and Its Development*, trans. Mrs Charles E. B. Russell(Gloucester, MA: Peter Smith, 1977), pp.82—83.

［13］Ibid., p.80.

［14］Ibid., p.231.

［15］Ibid., p.232.

［16］Ibid., pp.233—234.

［17］Ibid.

［18］Albert Schweitzer, "Religion in Modern Civilization", *Christian Century*, 51 (1 November 1934): 1483.

［19］Albert Schweitzer, *Letters, 1905—1965*, trans. Joachim Neugroschel, ed. Hans Walter Bahr(New York: Macmillan, 1992), p.331.

［20］Schweitzer, *On Nuclear War and Peace*, pp.50, 55.

［21］Ibid., pp.36—37, 39, 88, 90.

［22］Ibid., pp.38, 52.

［23］Ibid., p.45.

［24］Ibid., p.46.

［25］Ibid., p.86.

［26］参见 James Brabazon, *Albert Schweitzer: A Biography*, 2nd edn(Syracuse, NY: Syracuse University Press, 2000), pp.469—474。

［27］Schweitzer, *Philosophy of Civilization*, p.344. 这里施韦泽同样太快地拒绝考虑康德在 *Toward Perpetual Peace* 一书中力图阐述的促进和平的原则。 Kant, *Toward Perpetual Peace*, reprinted in Immanuel Kant, *Practical Philosophy*, trans. Mary J. Gregor, ed. Allen Wood(New York: Cambridge University Press, 1996), pp.317—351.

［28］Schweitzer, *On Nuclear War and Peace*, p.76.

［29］Albert Schweitzer, *The Teaching of Reverence for Life*, trans. Richard and Clara Winston(New York: Holt, Rinehart and Winston, 1965), p.54.

［30］Schweitzer, *Philosophy of Civilization*, p.29.

［31］Schweitzer, *On Nuclear War and Peace*, p.54; Schweitzer, *Philosophy of Civilization*, p.30.

［32］对这个普遍问题富有洞见的争论，参见 *For Love of Country: Debating the Limits of Patriotism*, ed. Joshua Cohen(Boston, MA: Beacon Press, 1996)。

［33］Edgar Berman, *In Africa With Schweitzer*(New York: Harper and Row, 1986), p.183.

［34］Schweitzer, *On Nuclear War and Peace*, p.41.

［35］Henry Clark 观察到，内心的和平是一种与顺从 "非常相近的状态"，参见 Clark, *The Ethical Mysticism of Albert Schweitzer*, p.75。

［36］Schweitzer, *The African Sermons*, p.167.

［37］Albert Schweitzer, "The Problem of Ethics in the Evolution of Human Thought", in Friends of Albert Schweitzer(eds), *To Dr Albert Schweitzer: A Festschrift Commemorating His 80th Birthday*(New York: Profile Press, 1955), p.140.

［38］Schweitzer, *Philosophy of Civilization*, p.313.

［39］Ibid., p.97.

［40］比较 Pierre Hadot, *The Inner Citadel*, trans. Michael Chase(Cambridge, MA: Harvard University Press, 1998)。

［41］Schweitzer, *Reverence for Life*, p.97.

［42］Ibid., p.96.

［43］Schweitzer, *Indian Thought and Its Development*, p.186.

［44］Ibid., p.98.

96

第 10 章 结 论

　　那么,为了你的人性就去寻找某些投入吧。[1]

　　尼采曾经呼吁能够诊断社会整体健康的"哲学医生",实际上就是人性本身。[2]施韦泽就是这样的医生,虽然不是尼采所预想的那样。 施韦泽写道,"我们正处于文化衰落的征兆之中",在这样的时代,"物质生活和精神生活"的失衡"导致了最不健康的品格"。[3]恢复这两者的平衡关系需要一种健康的哲学,它能够把自我实现加入伦理理想主义和以自然为中心的精神性中。[4]作为结论,我们应该如何理解作为哲学医生的施韦泽呢?

　　一个医生在诊断法、病因学和治疗法上可能有所偏重。 至于诊断法,恩斯特·卡西尔(Ernst Cassirer)曾称赞施韦泽"对我们的文化生活"具有敏锐的"医学分析力"。 他的同辈人当中没有其他思想家像他一样,准确地表达"对即将来临的危机的强烈预感,以及这个危机本质的清晰洞见"[5]。 这个危机包含了空前未有的可怕暴力,对动物的残酷对待,共同体的衰败,个人尊严所受到的系统性的迫害,以未经批判的民族主义形式呈现的集体思维模式,教条化的宗教和群体口号。 这个危机也包括了恐怖主义,以及各种无视道德考虑和大规模环境恶化状况的危险技术。

至于病因学，施韦泽将我们道德疾病的主要原因归于精神生活的衰落。 他的同辈人的思想反映了这种衰落，例如，尼采和弗洛伊德对伦理理想主义的猛烈攻击开启了 20 世纪的大门。 这两位同年代的思想家都拒绝人道主义的爱，认为它是不现实的，是过度内疚、焦虑和沮丧的根源。 按照施韦泽的看法，缺乏具体的道德承诺的人会产生不健康的内疚感，而尼采和弗洛伊德的洞见为施韦泽这种有时对自我完善的极端要求提供了某种矫正。 不过，无需推翻敬畏生命所蕴含的核心概念，我们也可以认真对待他们提供的矫正方法。 理想指引和激发承诺，但它们并不要求我们达到实现理想的不可能程度。我们通过服务他人，以自我肯定支撑道德承诺，而不是用因失败而产生的内疚感去激发道德承诺。

文化疗法如何呢？ 施韦泽不加掩饰地将伦理理想主义描述成一种健康的道德，它能够提高自我实现的程度和文明的水平。 为了做到这一点，他号召伦理学家发展能够激发有力行动动机的道德和精神愿望的观念。 当施韦泽从事著述时，这种哲学视角已经不受欢迎了，今天尤甚。 甚至连卡西尔——他称赞施韦泽在重申伦理理想主义，抨击"哲学寂静主义"上"具有伟大的智慧和道德勇气"——对作为一种文化疗法的敬畏生命也不失礼貌地保持沉默。[6] 施韦泽观察到理想会被磨损。[7] 这就是敬畏生命的命运吗？ 一旦我们恰当理解敬畏生命，修改其中几处地方，那么敬畏生命的命运就不应该是这样的。

敬畏生命不是一个在复杂的道德推理之外简单化的选项。 与此相反，通过理解道德理想如何促成自我实现和社会进步，敬畏生命整合了道德理想的全部内容。 以这种方式，敬畏生命把道德关切的范围扩展到所有受苦的生灵和全体生命。 伦理学必须在两个同等重要的方向上是实践性的：激发动机与提供指导。 当我们信奉高于最低道德要求的理想，从而我们的行动动机得到提高。 然而，这样做不会消除为了应对伦理困境，深思熟虑地平衡和整合相互冲突的理想的需要。

施韦泽对伦理和必然性的二分在这里遭到拒绝。 或更确切地说，迫切需要的是重新考虑某些伦理理想（例如怜悯、非暴力）与其他伦理理想（自我实现、自卫、保护无辜的第三方）之间的对比。 简单来说，他把实践决定的特征描述为主观性，主观性应该被理解成个体拥有多个可允许的选项，他们能够以本真和负责任的方式，在解释和实现理想上充分运用道德自主能力。 这些建议与他强调敬畏生命所包括的理性、现实主义和个人责任相一致。

我们究竟如何把道德与精神健康联系在一起，取决于我们如何理解精神健康，以及我们如何理解本能和自然冲动。[8]弗洛伊德和尼采把所有动机都归为对自身利益的促进。 根据他们的观点，普遍之爱的理想妨碍了自然的、仅仅为了自我利益的欲望。 对弗洛伊德来说，精神健康在于通过社会规范可接受的爱和工作的方式，满足性本能和攻击本能。[9]对尼采来说，精神健康在于自我尊重、做自己的主宰和激发生命活力。[10]病态来自通过超我的文化理想和普遍的爱实施内心暴政，从而压抑权力意志（尼采），压抑性本能和攻击本能（弗洛伊德）。 施韦泽的伦理学始于他对人性本能有一个更乐观的评价。是攻击，没错，但也是追求个人成长、提高对他人同理心的欲望。

很多当代心理学家对道德问题的兴趣与施韦泽的主题非常接近，哲学家也转向关注心理健康专家的言论（反之亦然）。 自从施韦泽著书以来，像埃里希·弗罗姆（Erich Fromm）和亚伯拉罕·马斯洛（Abraham Maslow）的人本主义心理学非常赞同他把道德和精神健康结合在一起的做法。 今天，积极心理学运动在一个科学框架内深入发展了道德和精神健康之间的联系。[11]像施韦泽一样，积极心理学家强调本真性、爱、乐观主义和创造性的自我实现。 像施韦泽一样，他们把自己的理论看作是尼采和弗洛伊德利己主义的对立面，他们发展了关于人类本性和健康更有前景的观念。 是的，我们有破坏的冲动，但我们也有通过分享、同情和支持的方式，把我们自己的生命与其他生命联系在一起的欲望，正如在共同的行为准则和本真的爱之计划中所体现的一样。 结果就是，道德成为我们生命意志的自然表达。 我们的道德策略应该把我们有限的同情本能与我们对自我实现和意义更强烈的追求动机联系起来。 道德健康在于这些自然欲望达到相互贯通的状态。 自我是主角，但只有在尊重他人、尊重自然环境的背景下才凸显出来。

99　　当然，施韦泽的伦理思想和精神观念超越心理学的范围。 施韦泽是一个伦理理想主义者，他系统地把道德价值推向根植于生命神圣性之上的精神方向。 虽然他仍然作为一个现实的理想主义者，与环境的变化保持一致，但他对这一点很有信心：道德理想"是高于所有权力的力量"[12]。 理想构成了人性中最美好的部分，它们有能力改造个人和社会。 一旦我们将文明理解为"所有进步的总和……只要这个进步帮助我们朝向个人的精神完善迈进"，那么文明的内核就是伦理。[13]精神的自我实现正在于道德努力，但它包含所有健全的价值。 包括美学、宗教、科学、技术和经济价值的所有价值，都具有道德和精神上的涵义，只要它们有助于促进自我完善。 按照我们对这个世界大部分事实的认知，尽管我们不免深感悲观，但我们在自己的意愿内仍然可以是乐观的，充满希望的。[14]

　　最后，施韦泽在解释和运用理想上，在具有约束力的崇高理想和最大程度的个人自由之间保持一个创造性的张力。 比起大多数伦理学家，他相信个人能够以各种方式在生活中体现各种道德理想。 因此，敬畏生命是一个多元主义的、普遍的、广泛包容的道德视角。
虽然如此，只有很少哲学家继续相信任何一个道德视角对所有具有道
德关切的、负责任的个体都有吸引力。 不存在一个单一的、被奉为
圭臬的伦理理论。 道德和精神思想是文明的核心，但多样化的道德
和精神视角一直以来都在塑造着文明。

　　不过，不同的视角之间仍然存在很多共同点，敬畏生命帮助我们
确定这些共同点。 敬畏生命把所有合理的价值联合起来，以促进生
命的发展。 为了做到这一点，敬畏生命尤其凸显本真性、同情、感
恩、正义与和平的价值。 它鼓舞我们把这些价值建立在自我发展和
同理心的自然欲望基础上，并不断扩展我们道德关切的范围，作为我
们在宇宙间自由自主存在的一部分。 敬畏生命也启发我们，通过我
们所体验到的生命统一感，去承担我们爱的计划。 伦理源于我们的
内心，在自我实现中展开，并在不断扩展的爱的共同体中获得最后的
圆满。

注　释

　　[1] Albert Schweitzer, *Philosophy of Civilization*, trans. C.T. Campion(Amherst, NY: Prometheus Books, 1987), p.322.
　　[2] Friedrich Nietzsche, *The Gay Science*, trans. Walter Kaufmann(New York: Vintage Books, 1974), p.35.
　　[3] Schweitzer, *Philosophy of Civilization*, pp.1, 21.
　　[4] Ibid., p.3.
　　[5] Ernst Cassirer, "Albert Schweitzer as Critic of Nineteenth-Century Ethics", in A.A. Roback(ed.), *The Albert Schweitzer Jubilee Book* (Cambridge, MA: Sci-Art, 1945), p.242.
　　[6] Ibid., p.257.
　　[7] Schweitzer, *Philosophy of Civilization*, p.42.
　　[8] 比较 Rem Edwards, "Introduction", in *Ethics of Psychiatry*, ed. Rem Edwards (Amherst,NY: Prometheus Books, 1997), p.17。 同时参见 Mike W. Martin, *From Morality to Mental Health: Virtue and Vice in a Therapeutic Culture* (New York: Oxford University Press, 2006)。
　　[9] Sigmund Freud, *Civilization and Its Discontents*, trans. James Strachey(New York: W.W.Norton, 1961), pp.10—21, 以及 *The Future of an Illusion*, trans. James Strachey(NewYork: W.W. Norton, 1961)。
　　[10] Friedrich Nietzsche, *On the Genealogy of Morality*, trans. Maudemarie Clark

and Alan J.Swensen(Indianapolis, IN: Hackett, 1998).

[11] 例如，参见 C.R. Snyder and Shane J.Lopez (eds), *Handbook of Positive Psychology*(New York: Oxford University Press, 2002); 以及 Christopher Peterson and Martin E. P. Seligman (eds), *Character Strengths and Virtues: A Handbook and Classification*(New York: Oxford University Press, 2004)。

[12] Albert Schweitzer, *Memoirs of Childhood and Youth*, trans. Kurt Bergel and Alice R.Bergel(Syracuse, NY: Syracuse University Press), p.95.

[13] Schweitzer, *Philosophy of Civilization*, pp.91, 57.

[14] Albert Schweitzer, *Out of My Life and Thought*, trans. Antje Bultmann Lemke (Baltimore, MD: Johns Hopkins University Press, 1998), p.242.

参考文献

101

阿尔贝特·施韦泽的著作与选集（英文）

African Notebook, trans. Mrs C. E. B. Russell (Syracuse, NY: Syracuse University Press, 2003).

The African Sermons, trans. and ed. Steven E.G. Melamed, Sr (Syracuse, NY: Syracuse University Press, 2003).

Albert Schweitzer: An Anthology, ed. Charles R. Joy (Boston, MA: Beacon Press, 1947).

The Albert Schweitzer—Hélène Bresslau Letters, *1902—1912*, trans. Antje Bultmann Lemke, ed. Rhena Schweitzer Miller and Gustav Woytt (Syracuse, NY: Syracuse University Press, 2003).

The Animal World of Albert Schweitzer, trans. and ed. Charles R. Joy (Boston, MA: Beacon Press, 1950).

"Aus meinem Leben: Ein Vortrag", *Schweitzer Monatshefte*, 50(1970):1—7.

"Busy Days in Lambaréné", *Christian Century*, 51 (14 March

1934):355—357.

Christianity and the Religions of the World, trans. Johanna Powers(New York: George H.Doran, 1923).

"The Correspondence between Bertrand Russell and Albert Schweitzer", ed. Herbert Spiegelberg, *International Studies in Philosophy*, 12(1980):1—45.

The Essence of Faith: Philosophy of Religion, trans. Kurt F. Leidecker(New York: Philosophical Library, 1966).

"The Ethics of Reverence for Life", *Christendom*, 1(1936): 225—239.

The Forest Hospital at Lambaréné (New York: Henry Holt, 1931).

Goethe: Five Studies, trans. Charles R.Joy(Boston, MA: Beacon Press, 1961).

Indian Thought and Its Development, trans. Mrs Charles E.B. Russell(Gloucester,MA: Peter Smith, 1977). Copyright 1936 by the Beacon Press.

J.S. Bach, trans. Ernest Newman(2 vols, New York: Dover Publications, 1966).

Letters, 1905—1965, trans. Joachim Neugroschel, ed. Hans Walter Bahr(New York: Macmillan, 1992).

Memoirs of Childhood and Youth, trans. Kurt Bergel and Alice R. Bergel(Syracuse,NY: Syracuse University Press, 1997).

The Mystery of the Kingdom of God: The Secret of Jesus' Messiahship and Passion, trans. Walter Lowrie(Amherst, NY: Prometheus Books, 1985).

The Mysticism of Paul the Apostle, trans. William Montgomery (Baltimore, MD: Johns Hopkins University Press, 1998).

On Nuclear War and Peace, ed. Homer A.Jack(Elgin, IL: Brethren Press, 1988).

Out of My Life and Thought: An Autobiography, trans. Antje   102 Bultmann Lemke(Baltimore, MD: Johns Hopkins University Press, 1998). Copyright 1990 by Henry Holt and Company.

The Philosophy of Civilization, trans. C.T. Campion(Amherst, NY: Prometheus Books, 1987). Contains two volumes: *The Decay and Restoration of Civilization*, and *Civilization and Ethics*. Copyright 1987 by Rhena Schweitzer Miller.

A Place for Revelation: Sermons on Reverence for Life, trans. David Larrimore Holland(New York: Irvington, 1993).

The Primeval Forest, trans. C.T. Campion(New York: Pyramid Books, 1963). Copyright 1931 by Macmillan. Reprinted, with same pagination, by the Johns Hopkins University Press, 1998. Contains *On the Edge of the Primeval Forest*, and *More from the Primeval Forest*.

"The Problem of Ethics in the Evolution of Human Thought", in Friends of Albert Schweitzer(eds), *To Dr Albert Schweitzer: A Festschrift Commemorating His 80th Birthday* (New York: Profile Press, 1955), pp.125—140.

The Psychiatric Study of Jesus: Exposition and Criticism, trans. Charles R.Joy(Gloucester, MA: Peter Smith, 1975).

The Quest of the Historical Jesus, trans. W. Montgomery, J. R. Coates, Susan Cupittand John Bowden, ed. John Bowden(Minneapolis, MN: Fortress Press, 2001).

"The Relations of the White and Coloured Races", *Contemporary Review*, 133(1925):65—70.

"Religion and Modern Civilization", *Christian Century*, 51(28 November 1934):1519—1521.

"Religion in Modern Civilization", *Christian Century*, 51(1 November 1934):1483—1484.

Reverence for Life: Sermons 1909—1919, trans. Reginald H. Fuller(New York: Irvington, 1993).

The Spiritual Life: Selected Writings of Albert Schweitzer, ed. Charles R. Joy(Hopewell, NJ: Ecco Press, 1947).

The Story of My Pelican, trans. Martha Wardenburg(London: Souvenir, 1964).

"Sunday at Lambaréné", *Christian Century*, 48(March 1931): 373—376.

The Teaching of Reverence for Life, trans. Richard and Clara Winston(New York: Holt, Rinehart and Winston, 1965).

A Treasury of Albert Schweitzer, ed. Thomas Kiernan(New York: Gramercy Books, 1994).

"Your Second Job", *Readers Digest*, 55(October 1949):1—5.

研究施韦泽的著述(英文)

Armstrong, Susan J., and Richard G. Botzler(eds), *Environmental Ethics*(New York: McGraw-Hill, 1993).

Arneson, Richard J., "The Principle of Fairness and Free Rider

Problems", *Ethics*, 92(1982):617—633.

Attfield, Robin, *The Ethics of Environmental Concern* (Oxford: Blackwell, 1983).

Barsam, Ara Paul, "Albert Schweitzer, Jainism, and Reverence for Life", in Marvin Meyer and Kurt Bergel(eds), *Reverence for Life: The Ethics of Albert Schweitzer for the Twenty-First Century* (Syracuse, NY: Syracuse University Press, 2002).

Becker, Lawrence C., *Reciprocity* (New York: Routledge and Kegan Paul, 1986).

Bellah, Robert N., Richard Madsen, William M.Sullivan, Ann Swidler and Steven. M.Tipton, *Habits of the Heart: Individualism and Commitment in American Life* (Berkeley, CA: University of California Press, 1985).

Bentley, James, *Albert Schweitzer: The Enigma* (New York: Harper Collins, 1992).

Bergel, Kurt, "Albert Schweitzer's Reverence for Life", *The Humanist*, 6(1946):31—34.

Berger, Fred R., "Gratitude", *Ethics*, 85(1974/75):299.

Berman, Edgar, *In Africa with Schweitzer* (New York: Harper and Row, 1986).

Bixler, J. S., "Productive Tensions in the Work of Albert Schweitzer", in A.A. Roback(ed.), *The Albert Schweitzer Jubilee Book* (Cambridge, MA: Sci-Art, 1945), pp.71—86.

Bourke, Vernon J., "Albert Schweitzer's Ethical Principles", *Journal of Value Inquiry*, 11(1977):41—43.

Brabazon, James, *Albert Schweitzer: A Biography*, 2nd edn

103

(Syracuse, NY: Syracuse University Press, 2000).

Brunk, Conrad G., "Restorative Justice and the Philosophical Theories of Criminal Punishment", in Michael L. Hadley(ed.), *The Spiritual Roots of Restorative Justice*(Albany, NY: State University of New York Press, 2001), pp.31—56.

Callicott, J. Baird, "On the Intrinsic Value of Nonhuman Species", in Bryan G.Norton(ed.), *The Preservation of the Species: The Value of Biological Diversity*(Princeton, NJ: Princeton University Press, 1986) pp. 138—172.

Camenisch, Paul F., "Gift and Gratitude in Ethics", *Journal of Religious Ethics*, 9(1981):1—34.

Card, Claudia, "Gratitude and Obligation", *American Philosophical Quarterly*, 25(1988):115—127.

Carson, Rachel, *Silent Spring*(Boston, MA: Houghton Mifflin, 1962).

Cassirer, Ernst, "Albert Schweitzer as Critic of Nineteenth-Century Ethics", in A.A.Roback(ed.), *The Albert Schweitzer Jubilee Book*(Cambridge, MA: Sci-Art, 1945), pp.241—257.

Cavell, Stanley, *Conditions Handsome and Unhandsome: The Constitution of Emersonian Perfectionism*(Chicago, IL: University of Chicago Press, 1990).

Clark, Henry, *The Ethical Mysticism of Albert Schweitzer* (Boston, MA: Beacon Press, 1962). Also published as *The Philosophy of Albert Schweitzer*(London: Methuen, 1964).

Cohen, Joshua(ed.), *For Love of Country: Debating the Limits of Patriotism*(Boston, MA: Beacon Press, 1996).

Colby, Anne, and William Damon, *Some Do Care: Contemporary Lives of Moral Commitment* (New York: Free Press, 1992).

Cooper, David E., *The Measure of Things: Humanism, Humility, and Mystery* (Oxford: Clarendon, 2002).

Cousins, Norman, *Albert Schweitzer's Mission: Healing and Peace* (New York: W.W. Norton, 1985).

Cox, Gray, *The Ways of Peace* (New York: Paulist Press, 1986).

Crosby, Donald A., *A Religion of Nature* (Albany, NY: State University of New York Press, 2002).

Danto, Arthur C., *Mysticism and Morality: Oriental Thought and Moral Philosophy* (New York: Columbia University Press, 1988).

Davenport, Manuel M., "The Moral Paternalism of Albert Schweitzer", *Ethics*, 84(1974):116—127.

——, "The Aesthetic Foundation of Schweitzer's Ethics", *Southwestern Journal of Philosophy*, 5(spring 1994):39—46.

DesJardins, Joseph R., *Environmental Ethics: An Introduction to Environmental Philosophy*, 4th edn(Belmont, CA: Wadsworth, 2006).

Dewey, John, *Human Nature and Conduct* (New York: Modern Library, 1977[1922]).

Dickens, Charles, *Bleak House* (New York: Bantam, 1983).

Doyle, James F., "Schweitzer's Extension of Ethics to All Life", *Journal of Value Inquiry*, 11(1977):43—46.

DuBois, W.E.B., "The Black Man and Albert Schweitzer", in A.A. Roback(ed.), *The Albert Schweitzer Jubilee Book* (Cambridge, MA: Sci-Art, 1945), pp.121—127.

Edwards, Rem, "Introduction", in Rem Edwards(ed.), *Ethics*

104

of Psychiatry (Amherst, NY: Prometheus Books, 1997).

Eiseley, Loren, *The Star Thrower* (San Diego, CA: Harcourt Brace, 1978).

Emmons, Robert A., and Michael E. McCullough (eds), *The Psychology of Gratitude* (New York: Oxford University Press, 2004).

Epictetus, *The Handbook* (*The Encheiridion*), trans. Nicholas P. White (Indianapolis, IN: Hackett, 1983).

Evans, J. Claude, *With Respect for Nature* (Albany, NY: State University of New York Press, 2005).

Fisher, John A., "Taking Sympathy Seriously: A Defense of Our Moral Psychology Toward Animals", in Eugene C. Hargrove (ed.), *The Animal Rights/Environmental Ethics Debate: The Environmental Perspective* (Albany, NY: State University of New York Press, 1992), pp. 227—248.

Franck, Frederick, *My Days with Albert Schweitzer: A Lambaréné Landscape* (New York: Lyons and Burford, 1959).

Frank, Arthur W., *The Wounded Storyteller* (Chicago, IL: University of Chicago Press, 1995).

——, *The Renewal of Generosity: Illness, Medicine, and How to Live* (Chicago, IL: University of Chicago Press, 2004).

Frankena, William K., *Ethics*, 2nd edn (Englewood Cliffs, NJ: Prentice-Hall, 1973).

Frankfurt, Harry G., *The Reasons of Love* (Princeton, NJ: Princeton University Press, 2004).

Free, Ann Cottrell, *Animals, Nature and Albert Schweitzer* (Washington, DC: Flying Fox Press, 1988).

Freud, Sigmund, *Civilization and Its Discontents*, trans. James Strachey(New York: W.W. Norton, 1961).

——, *The Future of an Illusion*, trans. James Strachey (New York: W.W. Norton, 1961).

Friends of Albert Schweitzer(eds), *To Dr Albert Schweitzer: A Festschrift Commemorating His 80th Birthday* (New York: Profile Press, 1955).

Gell, C.W.M., "Schweitzer and Radhakrishnan: A Comparison", *Hibbert Journal*, 51(1952/1953):355—365.

——, "Dr Schweitzer: A Re-Assessment", *Hibbert Journal*, 55 (1956/1957):330—334.

Gewirth, Alan, *Self-Fulfillment* (Princeton, NJ: Princeton University Press, 1998).

Gier, Nicholas F., *The Virtue of Nonviolence: From Gautama to Gandhi*(Albany, NY: State University of New York Press, 2004).

Goodpaster, Kenneth E., "On Being Morally Considerable", *Journal of Philosophy*, 75(1978):308—325.

Griffith, Nancy Snell, and Laura Person, *Albert Schweitzer: An International Bibliography*(Boston, MA: G.K. Hall and Co., 1981).

Hadot, Pierre, *The Inner Citadel*, trans. Michael Chase (Cambridge, MA: Harvard University Press, 1998).

Hampshire, Stuart, *Justice Is Conflict*(Princeton, NJ: Princeton University Press, 2000).

Hill, Thomas E., "Ideals of Human Excellence and Preserving Natural Environments", in Thomas E. Hill, *Autonomy and Self-Respect* (New York: Cambridge University Press, 1991), pp.104—117.

105

Hobbes, Thomas, "On Human Nature", in *The English Works of Thomas Hobbes* (London, 1845), Vol.IV, ch.9.

Hogg, A. G., "The Ethical Teaching of Dr Schweitzer", *International Review of Missions*, 4(April 1925):237—251.

Horgan, John, *Rational Mysticism* (New York: Houghton Mifflin, 2003).

Hunnex, Milton D., "Mysticism and Ethics: Radhakrishnan and Schweitzer", *Philosophy East and West*, 8 (October 1958/January 1959):121—136.

Hurka, Thomas, *Perfectionism* (New York: Oxford University Press, 1993).

Ice, Jackson Lee, *Schweitzer: Prophet of Radical Theology* (Philadelphia, PA: Westminster Press, 1971).

——, *Albert Schweitzer: Sketches for a Portrait* (Lanham, MD: University Press of America, 1994).

Jenni, Kathie, "Vices of Inattention", *Journal of Applied Philosophy*, 20:3(2003):279—295.

Jilek-Aall, Louise, *Working with Dr Schweitzer: Sharing His Reverence for Life* (Blaine, WA: Hancock House, 1990).

Johnson, Lawrence E., *A Morally Deep World* (New York: Cambridge University Press, 1991).

Kant, Immanuel, "Toward Perpetual Peace", in Immanuel Kant, *Practical Philosophy*, trans. Mary J. Gregor, ed. Allen Wood (New York: Cambridge University Press, 1996), pp.317—351.

Karefa-Smart, John A.M., "Albert Schweitzer, Physician", in David C.Miller and James Pouilliard (eds), *The Relevance of Albert*

Schweitzer at the Dawn of the 21st Century(Lanham, MD: University Press of America, 1992).

Karnes, Joie, "Applying the Ethic of Reverence for Life to the Issue of Abortionin America", in Marvin Meyer and Kurt Bergel (eds), *Reverence for Life: The Ethics of Albert Schweitzer for the Twenty-First Century* (Syracuse, NY: Syracuse University Press, 2002), pp.291—296.

Keller, Evelyn Fox, *A Feeling for the Organism: The Life and Work of Barbara McClintock* (New York: W. H. Freeman and Company, 1983)

Kleinig, John, *Valuing Life*(Princeton, NJ: Princeton University Press, 1991).

Kohak, Erazim, *The Green Halo: A Bird's-Eye View of Ecological Ethics*(Chicago, IL: Open Court, 2000).

Kohn, Alfie, *The Brighter Side of Human Nature* (New York: Basic Books, 1990).

Kraus, Oskar, *Albert Schweitzer: His Work and His Philosophy* (London: Adam and Charles Black, 1944).

Lackey, Douglas P., "Pacifism", in James E. White (ed.), *Contemporary Moral Problems*, 8th edn(Belmont, CA: Wadsworth, 2006), pp.480—493.

Langfeldt, Gabriel, *Albert Schweitzer: A Study of His Philosophy of Life*(London: George Allen and Unwin, 1960).

Lemke, Antje Bultmann, "Moderator's Introduction", in David C. Miller and James Pouilliard (eds), *The Relevance of Albert Schweitzer at the Dawn of the 21st Century*(Lanham, MD: University

106

Press of America, 1992), pp.83—84.

Levin, Jessica, "In the Heart of Sickness: A Life Portrait of Dr Albert Schweitzer", in Daniel M.Mengara(ed.), *Images of Africa: Stereotypes and Realities*(Trenton, NJ: Africa World Press, 2001), pp.237—248.

McConnell, Terrance, *Gratitude* (Philadelphia, PA: Temple University Press, 1993).

MacIntyre, Alasdair, *After Virtue*, 2nd edn(Notre Dame, IN: University of Notre Dame Press, 1984).

McMahan, Jeff, *The Ethics of Killing: Problems at the Margins of Life*(New York: Oxford University Press, 2002).

Marietta, Don E., "Environmental Holism and Individuals", *Environmental Ethics*, 10(1988):251—258.

Marshall, George, and David Poling, *Schweitzer: A Biography* (Baltimore, MD: Johns Hopkins University Press, 2000).

Martin, Mike W., "Rethinking Reverence for Life", *Between the Species*, 9(1993):204—213.

——, *Virtuous Giving: Philanthropy, Voluntary Service, and Caring*(Bloomington, IN: Indiana University Press, 1994).

——, "Good Fortune Obligates: Gratitude, Philanthropy, and Colonialism", *Southern Journal of Philosophy*, 37(1999):57—75.

——, *Meaningful Work: Rethinking Professional Ethics* (New York: Oxford University Press, 2000).

——, *From Morality to Mental Health: Virtue and Vice in a Therapeutic Culture*(New York: Oxford University Press, 2006).

Mengara, Daniel M.(ed.), *Images of Africa: Stereotypes and*

Realities (Trenton, NJ: Africa World Press, 2001).

Meyer, Marvin, "Albert Schweitzer and the Image of Jesus in the Gospel of Thomas", in Marvin Meyer and Charles Hughes(eds) *Jesus Then and Now: Images of Jesus in History and Christology*(Harrisburg, PA: Trinity Press International, 2001), pp.72—90.

——, and Kurt Bergel(eds), *Reverence for Life: The Ethics of Albert Schweitzer for the Twenty-First Century*(Syracuse, NY: Syracuse University Press, 2002).

Miller, David C., and James Pouilliard(eds), *The Relevance of* 107 *Albert Schweitzer at the Dawn of the 21st Century* (Lanham, MD: University Press of America, 1992).

Morrison, Toni, *Song of Solomon* (New York: New American Library, 1977).

Mumford, Lewis, *The Conduct of Life* (New York: Harcourt Brace Jovanovich, 1970).

Murdoch, Iris, *The Sovereignty of Good*(London: Ark Paperbacks, 1985).

Nietzsche, Friedrich, *The Gay Science*, trans. Walter Kaufmann (New York: Vintage Books, 1974).

——, *On the Genealogy of Morality*, trans. Maudemarie Clark and Alan J.Swensen(Indianapolis, IN: Hackett, 1998).

Nozick, Robert, *Anarchy, State, and Utopia*(New York: Basic Books, 1974).

——, *Philosophical Explanations* (Cambridge, MA: Harvard University Press, 1981).

O'Connor, John, "Philanthropy and Selfishness", in Ellen

Frankel Paul, Fred. D.Miller, Jr, Jeffrey Paul and John Ahrens(eds), *Beneficence, Philanthropy and the Public Good* (Oxford: Blackwell, 1987), pp.113—127.

Pagels, Elaine, *Beyond Belief* (New York: Random House, 2003).

Park, O'Hyun, "Hinduism in Perspective", in Ninian Smart and B.Srinivasa Murthy(eds), *East—West Encounters in Philosophy and Religion* (Long Beach, CA: Long Beach Publications, 1996), pp.234—244.

Passmore, John A., *Man's Responsibility for Nature* (New York: Scribners, 1974).

Pawlowska, Ija, "How Tolerant was Albert Schweitzer?", in David C.Miller and James Pouilliard(eds), *The Relevance of Albert Schweitzer at the Dawn of the 21st Century* (Lanham, MD: University Press of America, 1992), pp.99—103.

Payton, Robert, "American Values and Private Philanthropy", in Kenneth W.Thompson(ed.), *Philanthropy: Private Means, Public Ends* (Lanham, MD: University Press of America, 1987), pp.3—20.

Pellegrino, Edmund D., and David C.Thomasma, *The Virtues in Medical Practice* (New York: Oxford University Press, 1993).

Peterson, Christopher, and Martin E. P. Seligman (eds), *Character Strengths and Virtues: A Handbook and Classification* (New York: Oxford University Press, 2004).

Picht, Werner, *The Life and Thought of Albert Schweitzer*, trans. Edward Fitzgerald(New York: Harper and Row, 1964).

Pike, Nelson, *Mystic Union* (Ithaca, NY: Cornell University

Press, 1992).

Pincoffs, Edmund L., *Quandaries and Virtues* (Lawrence, KS: University Press of Kansas, 1986).

Pojman, Louis P. (ed.), *Environmental Ethics: Readings in Theory and Application* (Boston, MA: Jones and Bartlett, 1994).

Powell, Mark Allan, *Jesus as a Figure in History* (Louisville, KY: Westminster John Knox Press, 1998).

Puka, Bill, *Toward Moral Perfectionism* (New York: Garland, 1990).

Putnam, Hilary, *The Collapse of the Fact/Value Dichotomy and Other Essays* (Cambridge, MA: Harvard University Press, 2002).

Rachels, James, *The Elements of Moral Philosophy*, 4th edn (New York: McGraw-Hill, 2003).

Rawls, John, *A Theory of Justice*, revised edn (Cambridge, MA: Harvard University Press, 1999).

Regan, Tom, *The Case for Animal Rights*, updated edn (Berkeley, CA: University of California Press, 2004).

——, and Peter Singer (eds), *Animal Rights and Human Obligations*, 2nd edn (Englewood Cliffs, NJ: Prentice Hall, 1989).

Rescher, Nicholas, *Ethical Idealism* (Berkeley, CA: University of California Press, 1987).

Rienaecker, Victor, *Albert Schweitzer* (London: Murray, Edwards and Co., 1963).

Roback, A.A. (ed.), *The Albert Schweitzer Jubilee Book* (Cambridge, MA: Sci-Art, 1945).

Roberts, Robert C., and W.Jay Wood, "Humility and Epistemic

108

Goods", in Michael De Paul and Linda Zagzebski(eds) *Intellectual Virtue*(Oxford: Clarendon, 2003), pp.257—279.

Rogers, Ben(ed.), *Is Nothing Sacred?* (New York: Routledge, 2004).

Roof, Wade Clark, *Spiritual Marketplace: Baby Boomers and the Remaking of American Religion*(Princeton, NJ: Princeton University Press, 1992).

Sartre, Jean-Paul, *The Words*, trans. Bernard Frechtman(Greenwich, CT: Fawcett, 1964).

——, *Being and Nothingness*, trans. Hazel E. Barnes(New York: Washington Square Press, 1966).

——, "Existentialism is a Humanism", in Walter Kaufmann (ed.), *Existentialism from Dostoevsky to Sartre* (New York: New American Library, 1975).

Schopenhauer, Arthur, *The World as Will and Representation*, trans. E.F.J. Payne(2vols, New York: Dover Publications, 1966).

Schrift, Alan D.(ed.), *The Logic of the Gift: Toward an Ethic of Generosity*(New York: Routledge, 1997).

Seaver, George, *Albert Schweitzer: The Man and His Mind*, 5th edn(London: Adamand Charles Black, 1959).

Sen, Amartya, *On Ethics and Economics* (Oxford: Blackwell, 1987).

Sidel, Victor W., "Health Care in Exploited Societies", in David C. Miller and James Pouilliard (eds), *The Relevance of Albert Schweitzer at the Dawn of the 21st Century*(Lanham, MD: University Press of America, 1992), pp.63—71.

Singer, Peter, *Writings on an Ethical Life* (New York: Harper Collins, 2000).

Skrbina, David, *Panpsychism in the West* (Cambridge, MA: MIT Press, 2005).

Smith, T.G., "Reiner on the Future of Schweitzer's Ethics", *Journal of Value Inquiry*, 5(1971):131—135.

Snyder, C.R., and Shane J.Lopez (eds), *Handbook of Positive Psychology* (New York: Oxford University Press, 2002).

Spiegelberg, Herbert, "Good Fortune Obligates: Albert Schweitzer's Second Ethical Principle", *Ethics*, 85(1975):227—234.

——, "A Defense of Human Equality", in *Steppingstones Toward an Ethics for Fellow Existers* (Dordrecht: Martinus Nijhoff, 1986), pp.131—153.

Suzuki, David, *The Sacred Balance: Rediscovering Our Place in Nature* (Vancouver: Greystone Books, 2002).

Taylor, Charles, *The Ethics of Authenticity* (Cambridge, MA: Harvard University Press, 1992).

——, *Varieties of Religion Today: William James Revisited* (Cambridge, MA: Harvard University Press, 2002).

Taylor, Paul, *Respect for Nature* (Princeton, NJ: Princeton University Press, 1986).

Taylor, Shelley E., *The Tending Instinct* (New York: Henry Holt and Company, 2002).

Tillich, Paul, *The Courage to Be*, 2nd edn (New Haven, CT: Yale University Press, 2000).

Trianosky, Gregory W., "Virtue, Action, and the Good Life:

109

Toward a Theory of the Virtues", *Pacific Philosophical Quarterly*, 68 (1987):124—147.

Varner, Gary E., *In Nature's Interests?: Interests, Animal Rights, and Environmental Ethics* (New York: Oxford University Press, 1998).

Visscher, Maurice B., "A Humanist View of Reverence for All Life", *Religious Humanism*, 7:4(autumn, 1973):152—155.

Wallace, James D., *Moral Relevance and Moral Conflict* (Ithaca, NY: Cornell University Press, 1988).

Warren, Mary Anne, *Moral Status: Obligations to Persons and Other Living Things* (New York: Oxford University Press, 1997).

Wellman, Carl, "An Analysis of Reverence for Life", *Journal of Value Inquiry*, 11(1977):46—48.

Williams, Bernard, "A Critique of Utilitarianism", in J.J.C. Smart and Bernard Williams, *Utilitarianism: For and Against* (New York: Cambridge University Press, 1973).

——, *Moral Luck* (Cambridge: Cambridge University Press, 1981).

Wilson, Edward O., *Biophilia* (Cambridge, MA: Harvard University Press, 1984).

——, *The Future of Life* (New York: Vintage Books, 2002).

Wolf, Susan, "Moral Saints", *Journal of Philosophy*, 79:8 (August 1982):419—439.

Woodruff, Paul, *Reverence: Renewing a Forgotten Virtue* (New York: Oxford University Press, 2001).

索　引

注：人名、主题词后面的页码表示本书的英文版页码。 在本书中，英文版页码标在页边空白处。

192

图书在版编目(CIP)数据

阿尔贝特·施韦泽的敬畏生命:伦理理想主义与自
我实现/(美)迈克·W.马丁(Mike W.Martin)著;
黄素珍译.—上海:上海人民出版社,2018
书名原文:Albert Schweitzer's Reverence for
Life:Ethical Idealism and Self-Realization
ISBN 978-7-208-15424-7

Ⅰ.①阿… Ⅱ.①迈…②黄… Ⅲ.①施韦策
(Schweitzer,Albert 1875-1965)-生命哲学-研究 ②施韦
策(Schweitzer,Albert 1875-1965)-伦理思想-研究
Ⅳ.①B083 ②B82-095.16

中国版本图书馆 CIP 数据核字(2018)第 208366 号

责任编辑 任俊萍
封面设计 张志全工作室

阿尔贝特·施韦泽的敬畏生命
——伦理理想主义与自我实现
[美]迈克·W.马丁 著 黄素珍 译

出 版	上海人& 出版社	
	(200001 上海福建中路 193 号)	
发 行	上海人民出版社发行中心	
印 刷	常熟新骅印刷有限公司	
开 本	635×965 1/16	
印 张	12	
插 页	4	
字 数	142,000	
版 次	2018 年 11 月第 1 版	
印 次	2018 年 11 月第 1 次印刷	

ISBN 978-7-208-15424-7/B·1360
定 价 45.00 元

Albert Schweitzer's
Reverence for Life
Ethical Idealism and Self-Realization
Published 2016 by Routledge
2 Park Square, Milton Park, Abingdon, Oxon, OX14 4RN
711 Third Avenue, New York, NY 10017, USA

Routledge is an imprint of the Taylor & Francis Group, an informa bussiness